ハンセン病回復者「語り部」のポテンシャルに迫る

共に生きられるひとをめざす人権教育

神山 直子

三省堂書店
創英社

花さき保育園

平沢保治氏

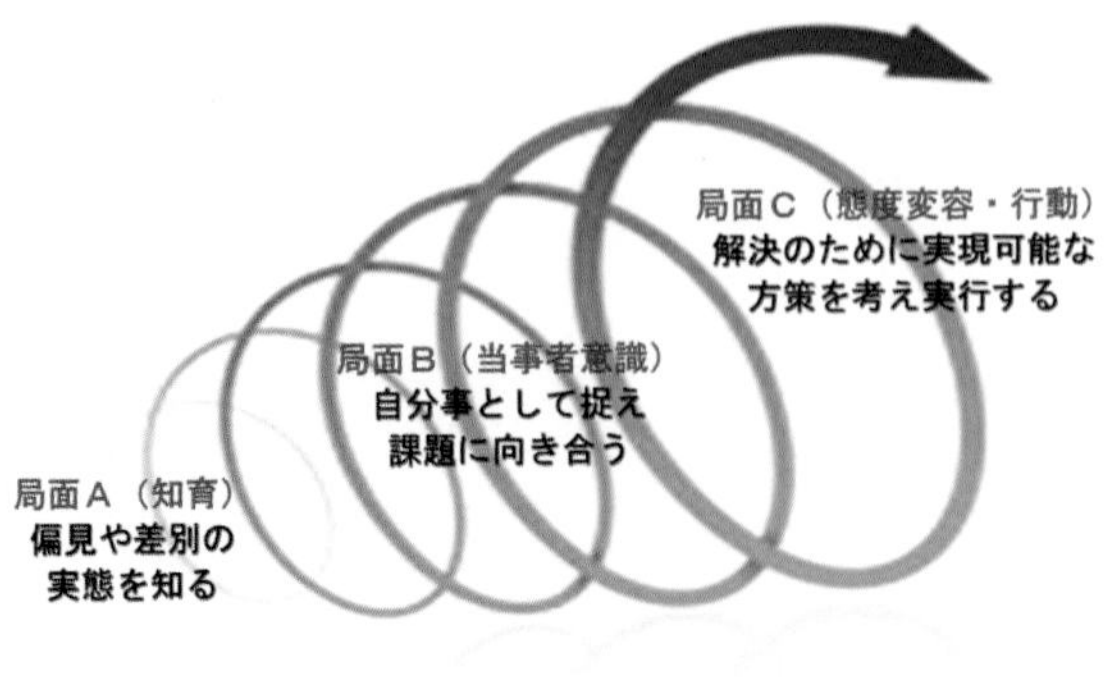

図 1-1　「人権教育 3つの局面ＡＢＣ」

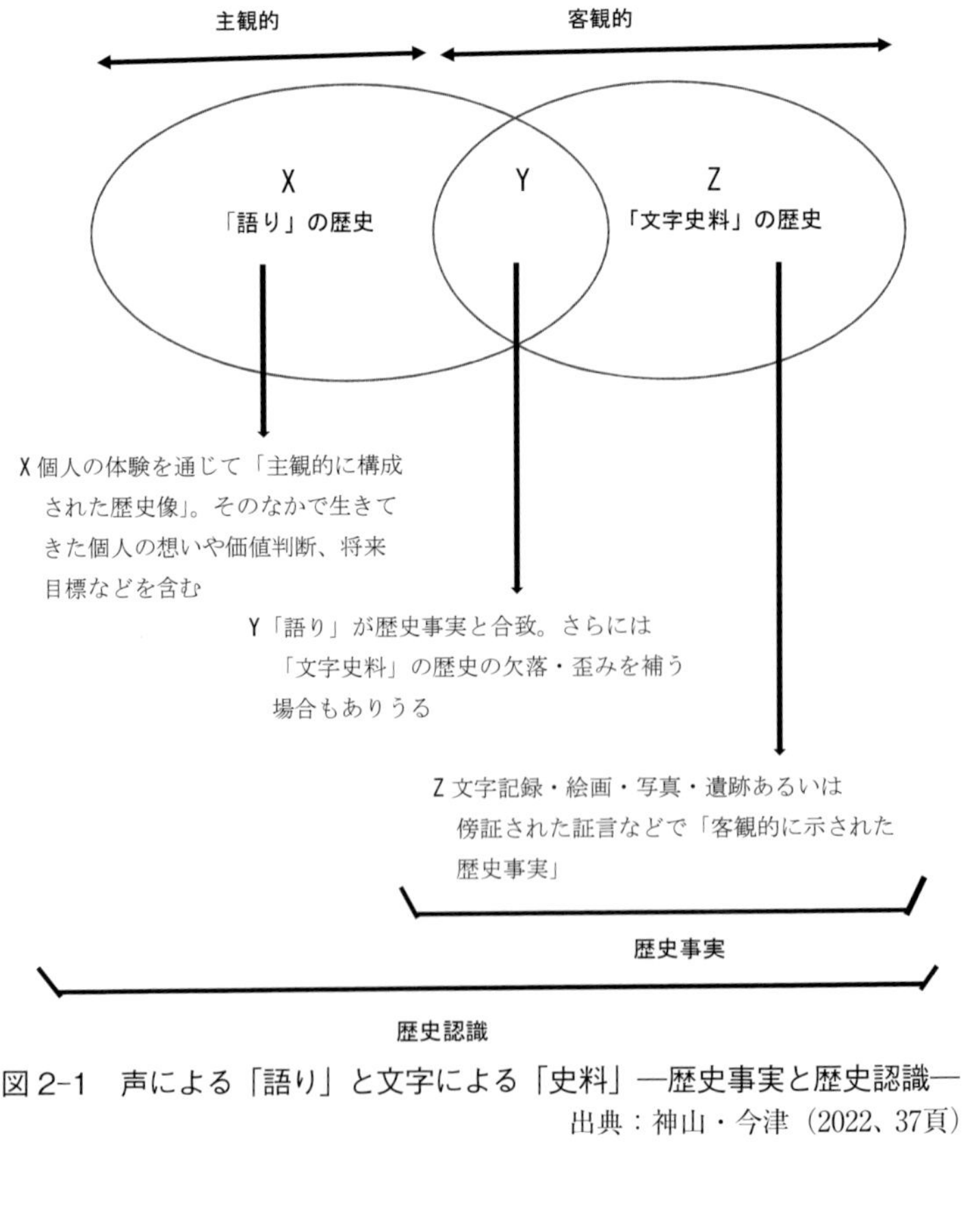

図 2-1　声による「語り」と文字による「史料」―歴史事実と歴史認識―

出典：神山・今津（2022、37頁）

表 3-2　佐川頻出語 15及び出現回数

抽出語	療養所等名
人	39
年	39
患者	33
ハンセン病	22
療養	19
昭和	18
来る	17
言う	15
作る	15
プロミン	14
予防	14
生	13
当時	13
日本	13
思う	12

表 3-3　平沢頻出語 15及び出現回数

抽出語	療養所等名
人	47
病気	20
ハンセン病	17
言う	17
思う	13
今	11
お母さん	9
お金	8
悪い	8
病院	8
来る	8
菌	7
生きる	7
お父さん	6
差別	6

表 3-4 「人権教育 3つの局面ＡＢＣ」に基づく児童生徒の感想文の分類

学校No.	講演実施年	校種	学年	人数及び当該学年全体に占める割合（%）						
				児童生徒総数	局面 A		局面 B		局面 C	
					人	%	人	%	人	%
1	2002	小	5	95	38	40	54	57	3	3
2	2011	小	6	65	3	5	45	69	17	26
3	2012	小	5	70	40	57	28	40	2	3
4	2014	小	6	126	47	37	74	59	5	4
5	2014	小	6	91	52	57	38	42	1	1
6	2015	中	3	61	14	23	43	70	4	7
7	2016	小	6	128	33	26	92	72	3	2
8	2016	小	6	103	21	20	77	75	5	5
9	2016	中	1	127	59	47	64	50	4	3
合計				866	307	35	515	60	44	5

表 3-5　児童生徒の感想文に表出するキーワードの状況

キーワード	学校No.	1		2		3		4		5		6		7		8		9		合計	
	講演実施年	2002		2011		2012		2014		2014		2015		2016		2016		2016			
	学年	小 5		小 6		小 5		小 6		小 6		中 3		小 6		小 6		中 1			
	児童生徒総数	95		65		70		126		91		61		128		103		127		866	
	（選択人数・割合）	人	%	人	%	人	%	人	%	人	%	人	%	人	%	人	%	人	%	人	%
①	夢	2	**2**	17	**26**	5	**7**	15	**12**	10	**11**	40	45	20	**16**	31	**30**	8	**6**	148	**17**
②	希　望	5	**5**	16	**25**	1	**1**	15	**12**	7	**8**	34	**39**	14	**11**	14	**14**	8	**6**	114	**13**
③	感　謝	1	**1**	17	**26**	2	**3**	3	**2**	7	**8**	18	**20**	23	**18**	7	**7**	9	**7**	87	**10**
④	生　命	12	**13**	28	43	12	**17**	11	**9**	18	**20**	19	**22**	43	**34**	33	**32**	31	**24**	207	**23**
⑤	偏　見	38	**40**	1	**2**	1	**1**	8	**6**	0	**0**	4	**5**	1	**1**	3	**3**	36	**28**	92	**10**
⑥	差　別	75	79	25	**38**	20	29	56	44	39	43	27	**31**	67	52	57	55	70	55	436	49
⑦	いじめ	7	**7**	18	**28**	5	**7**	25	**20**	4	**4**	1	**1**	14	**11**	5	**5**	0	**0**	79	**9**
⑧	悪　口	0	**0**	8	**12**	0	**0**	2	**2**	0	**0**	0	**0**	0	**0**	0	**0**	0	**0**	10	**1**

※下線付きの数字は、各学校における①～⑧の中で最も表出数が多かったキーワード

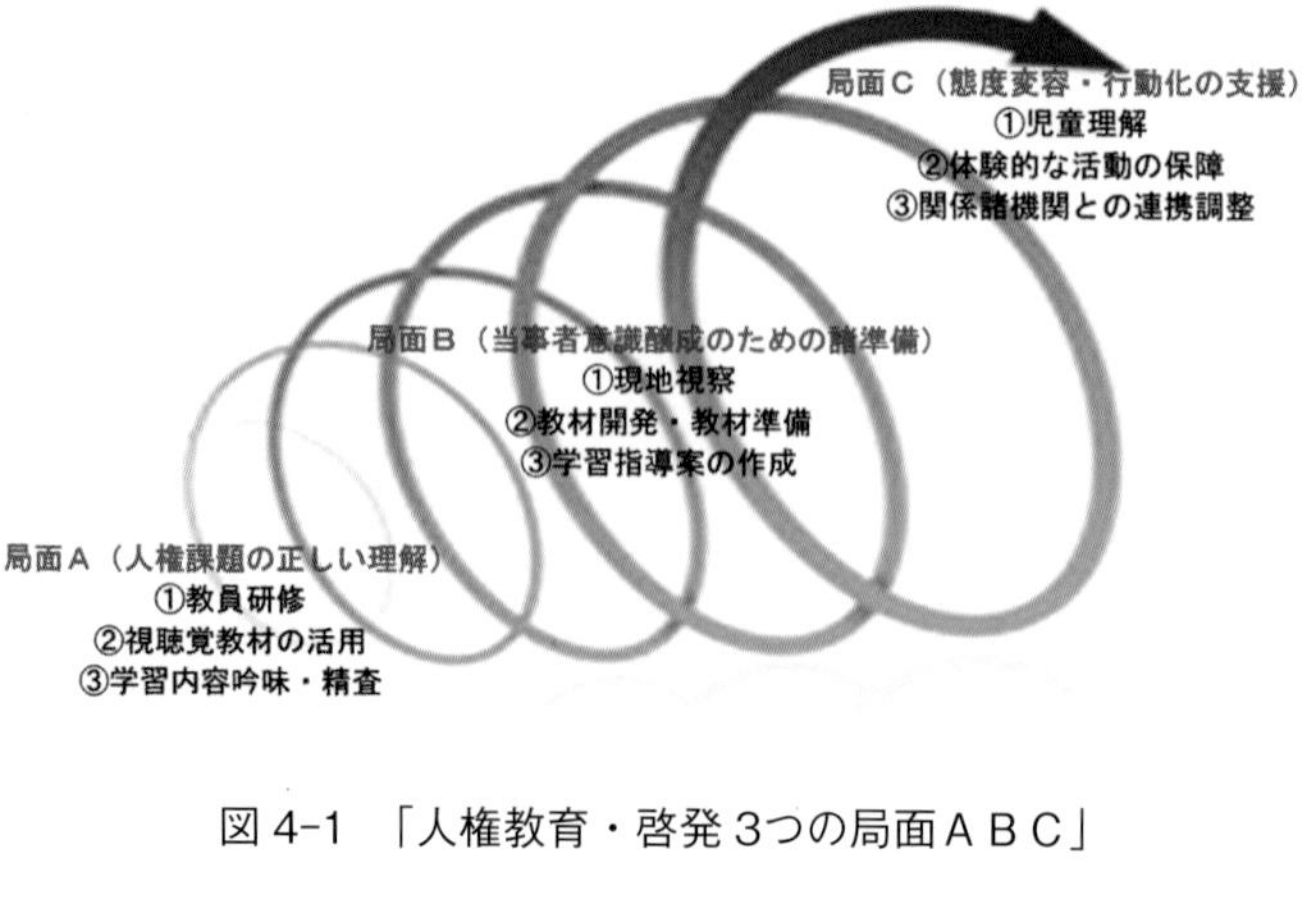

図 4-1　「人権教育・啓発 3つの局面ＡＢＣ」

目次

図表一覧

【図】

【表】

序章　今後の人権教育に関する課題

第一節　現代の人権教育が抱える諸問題

人権教育は、その定義や内容が学習指導要領に明示[1]されているわけでもなく、「人権」という教科や教科書があるわけでもない。それでも多くの教育委員会や学校[2]が、その教育目標及び基本方針、教育課程の重点等に「人権教育の推進」、「人権尊重の精神」などの人権にまつわる文言を掲げ、全教育活動を通して人権教育を推進することを謳っている。

ただし、その数の多さが「人権教育の内容や方法」、「目標達成のための道筋」の理解度、浸透度を示しているわけではない。むしろ、「全教育活動を通して行うのが人権教育である」との受け止めは、教員の「何をどのようにすればよいのか分からない」という疑問や不安を喚起するに至っている。

社会には様々な人権課題が現存している。しかも一つひとつの人権課題に軽重や順序性はなく、どれも一日も早い解決が望まれるものばかりである。しかし一方で、どの人権課題を取り上げて学習に取り組んだとしても、結論としては通り一遍の「偏見や差別は許さない」、「人権を大切にする」等の言葉の表明に終始するのが現状である。

被差別の当事者の願いは、孤独感や孤立状況の緩和・救済であり、なにより塗炭の苦しみからの脱却であろう。それにもかかわらず周囲からの働きかけが、実効性・具体性に欠ける一般的な言動に止まるのであれば、当事者の実態や取り巻く状況を改善する力にはなり得ない。

周囲からの働きかけに、一縷の望みは生まれるものの、それが形式的で期待外れのものであれば、所詮、現状打開は自力で行う他に策はないということになる。結局、解決する見通しを持つことなど有り得ないという二重の絶望感を味わうこととなる。このような状況が国内外の至るところにあり、それを解決・克服する術を持たない現実こそが、筆者が主張する「人権教育の障壁」である。

「ハンセン病に係る偏見差別の解消のための施策検討会」が公表した報告書[3]においても「『私は差別はいけないことは分かっています』『私は人を差別するような人間ではありません』と言える人たちが増えても差別の関係性は逆転しないのであり、この人たちが黙って見ているだけならば、差別を支える傍観者にすぎない」（2023、35頁）と「人権教育の障壁」に連なる実態が指摘されている。

そして、このような「人権教育の障壁」の存在を改めて思い知らされたのが、2020年以降全世界を席巻した新型コロナウイルス感染症への対応である。未知の存在である新型コロナウイルスへの恐怖が、人々の正しい判断や理解を妨げ、いわれのない偏見や差別が頻発した。そして、この新型コロナウイルス感染症については、「感染症の予防及び感染症の患者に対する医療に関する法律（以下、「感染症法」と略記）」等にどのように位置付けるか、議論[4]が重ねられてきた。[5]

実は、この感染症法の前文には「我が国においては、過去にハンセン病、後天性免疫不全症候群等の感染症の患者等に対するいわれのない差別や偏見が存在したという事実を重く受け止め、これを教訓として今後に生かすことが必要である」（厚生労働省、2021）と明記されている。病を理由に患者等に対する差別や偏見を繰り返すことのないよう訴えているのである。この患者への偏見・差別について、元厚生労働大臣で医師の坂口は、報道機関の取材に応じて次のようにコメントしている。

感染しただけで周囲の見る目が変わってしまう。ハンセン病がその最たる例でしょう。急性疾患である新型コロナと、慢性疾患のハンセン病は病気としての性質は異なりますが、今起こっている差別的な状況やその原因は基本的に同根だと思います。

（朝日新聞デジタル、2020年4月17日）

また、辻村（伊藤）（2021）は、感染症と法の関係を踏まえ「今般のコロナ禍を巡る偏見差別事例は、患者＝ウイルス、感染者＝社会悪といった即物的かつ誤った理解に基づくものが見受けられ、過去のハンセン病政策の誤りと患者家族への偏見差別を彷彿とさせる」と指摘している。さらに、内田（2021）は、「ハンセン病患者は人間ではないとされ、日本国憲法の埒外に置かれたが、新型コロナウイルスの感染者、感染者になる可能性があるとうたがわれている者も同様の立場に置かれている」と指摘している。

これらの偏見差別の問題とは別に「隔離」の視点から、感染症の問題をとらえる武田（2021）の主張にも視野を広げてみよう。武田は、ハンセン病に対する隔離の問題を間違いであったと済ませるのではなく、隔離が必要な病気であったかを改めて問う必要があると問題提起しているのである。さらに武田は自分の胸に手を当てて考えて欲しいと「あなたの心中にも伝染する病気の人には近寄りたくない、できれば専門の施設に隔離して欲しい、社会として予防措置を取って欲しいと願う気持ちがあるのではないか」（1997、68頁）と問いかけている。

これらのコメントや先行研究を踏まえると、ここ数年のコロナ禍を巡る数多くの偏見差別の人権侵害事例は、患者や感染者を社会における負の存在として捉え排除しようとする人々の誤った意識の表れであろう。それと同時に、社会を構成する一員として自分自身の他者への眼差し、さらには、日常では表すことのなかった胸の奥底に流れる人権意識の真の姿が白日の下に晒される機会となったのであろう。

まさに、過去のハンセン病政策の誤りと「無らい県[6]運動[7]」に見られた官民が一体となった患者やその家族等への偏見差別の実態を思い起こさせるものである。感染力の強弱、急性・慢性、遺伝性、致死性の有無に関わりなく、差別してもよい患者などおらず、その差別を正当化する理由もないことを、ここで改めて指摘しておきたい。

コロナ禍に顕在化した問題の存在に気付かせ、それを解決するためにハンセン病から得た学びを生かす人権教育は、子どもを現実の社会問題に向き合わせることを意味する。

そして、それは同時に、次の新たな感染症が出現した際に、よりよい対応を可能とする未来への投資となる。その際、過去の歴史的な事実を自身の体験を通して明らかにし、未来へとつなぐ役割を果たしているのが人権の「語り部」と言えよう。「語り部」の「語り」が持つ力を見極め顕在化することにより、立ちはだかる「人権教育の障壁」を乗り越えることが可能となるであろう。

コラム　現在進行形のハンセン病問題

ハンセン病は「らい菌」という細菌に感染することで引き起こされる感染症の一種で、治療法が確立された現代では完治する病気です。かつては「らい」、「癩」などと呼ばれていましたが、これらの呼び方には差別的なイメージがつきまとうことから、明治6（1873）年に「らい菌」を発見したノルウェーの医師の名前をとって、現在は「ハンセン病」と呼ばれています。令和元（2019）年11月には「ハンセン病元患者家族に対する補償金の支給等に関する法律」が施行されました。ハンセン病元患者の家族が、偏見と差別に晒され苦痛と苦難を強いられてきた現実を踏まえ、補償金を支給するものです。厚生労働省は、補償金支給の対象者を24、000人と推計しましたが、その認定件数は令和6（2024）年1月の時点で7、990件（33％）に止まっています。補償金を申請することで、元患者の家族であることを周囲に知られ、改めて偏見や差別に晒されるかもしれないとの不安から、申請をためらう多くの人々の存在を、この数値から読み取ることができるでしょう。

【参考】https://www.mhlw.go.jp/stf/seisakunitsuite/bunya/kenkou_iryou/kenkou/hansen/index.html

1　文部科学省が、「新学習指導要領における人権教育の主な関係記述の例」を掲載している。https://www.mext.go.jp/content/20200310-mxt_jidou02-000100368_02.pdf（２０２２年5月2日閲覧）しかし、それらはあくまでも、学習指導要領に関連のある記述例が示されているに止まり、人権教育の定義等が明らかにされているわけではない。

2　全国47の都道府県及び20の政令指定都市を対象に、「教育振興基本計画」等に「人権教育」、「人権尊重の精神」等の記載の有無を、筆者がインターネットに掲載されている情報を閲覧・検索した。その結果、97％の都道府県及び政令都市において「人権教育」等に関わる記述があることを確認した。

3　ハンセン病に対する偏見差別の現状とこれをもたらした要因の解明、国のこれまでの啓発活動の特徴と問題点の分析、偏見差別の解消のために必要な広報活動や人権教育、差別事案への対処の在り方についての提言を行うなど、今後のハンセン病に対する偏見差別の解消に資することを目的として２０２１年7月に検討会が設置され、２０２３年3月には報告書が公表されている。

4　感染症法は、重症化リスクや感染力に応じて感染症を「1類」から「5類」に分けている。新型コロナウイルスは当初「2類相当」の扱いになっていた。医療機関や保健所の負担を減らすために、季節性インフルエンザと同等の「5類」に分類を引き下げることを求める意見が出されていた。

5　２０２３年5月8日以降は、新型コロナウイルス感染症が5類感染症へと変更されることが決定した。https://www.mhlw.go.jp/content/001070704.pdf（２０２３年4月21日閲覧）

6　本研究において医学用語、法律用語、歴史的用語としての「癩」「らい」についてはそのまま使用している。

7　ハンセン病の患者を見つけ出し療養所に送り込むという施策。保健所の職員が患者の自宅を徹底的に消毒し、人里離れた場所に作られた療養所に患者が送られていくという光景が、人々の心の中にハンセン病は恐ろしいというイメージを植え付け、それが偏見や差別を助長していった。https://www.mhlw.go.jp/houdou/2003/01/dl/h0131-5i.pdf（２０２２年10月24日閲覧）

第二節　期待が持たれる「語り部」の教育効果

周知の通り、学校における人権教育は、総合的な観点から幅広く取り組まれ、個別具体の授業の特性に応じながら、各教科、特別の教科 道徳（以下、「道徳科」と略記）、外国語活動、総合的な学習の時間、特別活動等、全ての教育活動を通じて行われている。

２０１３年に文部科学省が実施した「人権教育の推進に関する取組状況の調査」には、人権教育の教材の選定・開発についての設問があり、複数回答可能な選択肢が、「ア 地域の教材化」、「イ 外部講師の講話やふれあいの教材化」、「ウ 生命の大切さに関する教材」、「エ 保護者や地域関係者とともに作る教材」、「オ 視聴覚教材など児童生徒の感性に訴える教材」、「カ 小説、詩、歌などの作品」、「キ 同世代の児童生徒の作品」、「ク 歴史的事象の教材化」、「ケ その他」、「コ 使用しない」と示されている。

この10の選択肢のうち、最も多くの学校（53・4％）が、効果的な学習教材として回答しているのが「イ 外部講師の講話やふれあいの教材化」である。つまり、人権教育を推進する際に、人権の「語り部」が持つ力を活用することが効果的であるとの認識は、既に明らかになっていると言えよう。

先の設問内容にも含まれている「教材」とは、学習を成立する上で欠くことのできない要素である。教材研究という言葉があるように、学習を効果的に展開するためには、その教材の持つ意味や価値が何であるのかを明らかにする必要がある。ところが「語り部」については、「語り部」を招聘した時点で、特段の意図を込めなくても、ごく自然に「語り部」と「聴き手」のコミュニケーションは成立するものとの思われがちである。そうなれば自ずと、教材としての検討や分析に類する思考は停止し、教材研究の入り口に立つことさえ儘ならない状況に陥るものと考えられる。この状況から抜け出すことが、「人権教育の障壁」を克服する学校教育の課題解決のための方策となるであろう。

その具体例として、本研究第三章においては、実際に人権の「語り部」として活動の実績がある佐川修氏（以下、「佐川」と略記）及び平沢保治氏（以下、「平沢」と略記）の「語り」を取り上げる。

両氏には、共に東京都東村山市の国立療養所多磨全生園に隣接する国立ハンセン病資料館（以下、「資料館」と略記）等において「語り部」活動に取り組んできた実績がある。筆者は、佐川・平沢の両氏共に面識があり、これまで複数回その「語り」に学ぶ機会に恵まれてきた。以下に、二人の略歴を紹介しよう。

まず、1931年生まれの佐川は、1945年に栗生楽泉園に入所し、1958年に身延深敬園[8]、1964年に多磨全生園に転園した。資料館の前身である高松宮記念ハンセン病資料館の開設に際して、全国のハンセン病療養所を巡り、展示物の収集に当たるなどその功績が評価されている。

2006年からの10年間は、入所者自治会の会長を務め、療養所内への保育所の設置、歴史を伝える記念公園として園を保存する「人権の森構想」に尽力した。この佐川については、福岡・黒坂（2020）が「抜群の記憶力をもとに、その語りは時間・空間を超えていく」、「基本的に明るい」と評しており、宮崎駿監督とも長年の親交があったことが知られている。2018年1月24日、86歳で逝去された。

次に、平沢は1927年生まれの96歳（2023年4月現在）である。平沢と筆者の直接的な出会いは、2002年1月に発生した「東村山市中高生による路上生活者傷害致死事件」[9]に遡る。尊い人命が奪われるという極めて痛ましい事件の発生を受けて、東村山市教育委員会は、事件の風化と再発防止に向けて、市内小中学校校長、保護者、地域の有識者等を構成員とする会議を立ち上げた。その有識者の一人が、国立療養所多磨全生園入所者自治会会長の平沢であり、教育委員会の事務局において人権教育を担当する指導主事が筆者であった。

当時、平沢は既に高松宮記念ハンセン病資料館及び小中高等学校において「語り部」としての活動を開始していた。それがこの事件発生が契機となり、いじめや不登校、生徒の問題行動等が多発している学校に「語り」による支援を自ら申し出るなど、活動の範囲がさらに拡大していったのである。

このように社会的に影響力のある「語り部」平沢の支援の下、東村山市における人権教育の実践を確立することが、事件の風化を防ぎ再生を図るための転換点に成り得ると筆者は考えたのである。

それから18年が経過し、２０２０年5月、93歳の平沢が、コロナ禍に見舞われ不安や戸惑いを感じている子どもたちに向け、激励のメッセージ（東村山市、２０２０）を発信した。平沢の「語り部」としての活動は、その形を変えながら続けられているのである。

第三章第一節においては佐川・平沢の実際の「語り」を取り上げているが、その分析と考察を行うことにより、「人権教育の障壁」を乗り越えるための手がかりが得られることだろう。なお、分析の対象とした生徒に対する佐川・平沢の実際の「語り」は、資料館の図書室所蔵のＣＤ[10]及び動画配信サイト[11]で視聴することが可能である。

特に平沢については、第三章第二節において、先行研究並びに平沢自身の著作[12]、児童生徒から寄せられた感想文等の資料等を整理・分析し、その「語り」の特長と可能性を明らかにする。さらに、第三章第三節においては、平沢の「語り」を教材化した実践事例について詳述する。

人権教育において、「語り部」は人権侵害の実態及び当事者の想いや願いを自身の言葉で語ることにより、歴史的な事実を可視化し、当事者の存在を人々の記憶の中に顕在化させてきた。しかし、差別等の実態や被害の実相を伝える語りや、民話・昔話に至るまで、全ての「語り部」に訪れる高齢化の問題は不可避であり、社会における喫緊の課題となっている。「語り」継承の道筋が途切れることのないよう、むしろ確実に訪れる高齢化を人権教育推進の好機と捉え、新たな「語り部」の育成に注力すべきであろう。

語り／語られる関係の中で機能するコミュニケーションを介して次世代の「語り部」を育成する道筋を明らかにすることが必要である。学校教育に関しては、学習指導要領において言語活動が重視され、その重要性や実践の方向性が示されている。２０１１年に、文部科学省が発行した『言語活動の充実に関する指導事例集[13]』には、コミュニケーションを人々の共同生活や人間関係を豊かにするものとして位置付け、各教科等における具体的な方策が示されている。しかし、そこに「語り部」と「聴き手」の間で交わされるコミュニケーションの事例は見当たらない。そこで、第二章においては、人権の「語り部」と「聴き手」の間に交わされるコミュニケーションの多様性を明らかにする。さらに、第四章においては、先進的に「語り部」の育成に取り組み、成果を挙げている事例を見ていくこととする。次代の「語り部」の育成を考えることなしに、人権教育の再構築を求めることは望めないからである。

8　１９９２年に閉鎖され、現在は、身体障害者養護施設『かじか寮』として運営されている。
9　路上生活者との間に起きたトラブルの報復をしようと、中学生が塾帰りに集結し、高校生と共に路上生活者に暴行を加え、死に至らしめたという痛ましい事件である。
10　「国立ハンセン病資料館語り部活動平沢保治さん講演　中学生編」（２０１０）、企画・制作 国立ハンセン病資料館、30分。
11　国立ハンセン病資料館 YouTube　佐川：https://www.youtube.com/watch?v=E54IzKNOI5o&t=10s　平沢：https://

www.youtube.com/watch?v=mOBH3DMs6po&t=50s（２０２２年5月3日閲覧）

12　平沢の著作には『人生に絶望はない』（１９９７）かもがわ出版、『母ちゃん、ありがとう』（２００９）かもがわ出版、『苦しみは歓びをつくる』（２０１３）かもがわ出版、『ぶらっと万歩計』〔筆名 三芳晃〕（２０２１）私家版などがある。

13　言語活動の充実に関する指導事例集【小学校版】【中学校版】【高等学校版】が出版されている。

第三節　人権教育推進に関する研究の視座

ここまで、現代の人権教育問題、人権教育推進のための「語り部」について述べてきた。全体を振り返りながら、改めて以下の4点を人権教育推進に関する研究の視座として位置付けよう。

視座Ⅰ　重要性が叫ばれながらも人権教育には障壁がある。その障壁を克服するための道筋を「語り部」の「語り」を通して明らかにする。

視座Ⅱ　「語り部」による「語り」を「語り部」と「聴き手」との双方向で捉え、コミュニケーションの視点から両者の関係性を明らかにする。

視座Ⅲ　ハンセン病回復者の「語り部」に焦点を絞り、その特長を「人権教育3つの局面ABC」及び「コミュニケーション」、「児童生徒の感想文に見る平沢の『語り』の持つ力」の視点から明らかにする。さらに「語り部」の特長を踏まえた人権教育の実践を取り上げ検討する。

視座Ⅳ　ハンセン病回復者以外の「語り部」に視野を広げ、「語り部」の育成及び「語り」の継承に関わる現状と育成上の留意事項を明らかにする。

以上のⅠ～Ⅳの研究の視座のうち、本研究の中核を為すものとして視座Ⅲを設定した。視座Ⅲ は、教育の分野で認知されている人権教育の目標と筆者がこれまで積み重ねてきた人権教育に関わる経験を含意する。

そして、視座Ⅲを導く前提として視座ⅠとⅡを位置付け、本研究全体を貫く課題である「人権教育の障壁」とそれを克服するために必要とされる「語り部」と「聴き手」のコミュニケーションに焦点を当てる。

現代社会において取り上げるべき人権課題は、ハンセン病患者・回復者等に限られるものではない。我が国における人権教育の歴史を振り返れば、同和問題をはじめ女性、子ども、高齢者、障害者、アイヌの人々、外国人、HⅠＶ感染者・ハンセン病患者等、犯罪被害者やその家族、インターネットによる人権侵害、北朝鮮による拉致問題、災害に伴う人権問題、ハラスメント、性同一性障害者、性的指向、路上生活者、などがあり、今後、社会状況の変化に伴い様々な人権課題が顕在化することが予想される（東京都、２０１５）。このような社会の状況を踏まえ、本研究が人権教育全般の再構築に資するよう、今後の展望につながるものとして視座Ⅳを設定した。

視座Ⅰの「人権教育の障壁とそれを克服するための道筋を明らかにする」については、第一章「人権教育の推進における障壁と『語り部』の果たす役割」を、視座Ⅱの「コミュニケーションの視点から『語り部』と『聴き手』の関係性を明らかにする」は、第二章「『語り部』と『聴き手』のコミュニケーション」を設定した。次いで、本研究の中核を為す視座Ⅲの「ハンセン病回復者の『語り部』の『語り』の特長を明らかにした人権教育の実践」については、第三章として「ハンセン病回復者の『語り』とその教材化」を設定した。さらに、視座Ⅳの「『語り部』の育成及び『語り』の継承に関わる現状と育成上の留意事項」については、第四章として「多様な現代の『語り部』とその育成」を位置付けた。

このようにして4点の視座を基盤とし、第一章から第四章が果たす役割を明確にした上で終章の「人権教育の再構築」において本研究全体を総括した。

第四節　先行研究の検討及び研究方法

1.　先行研究

本研究の各章で扱う先行研究のうち、主たる内容となる「人権教育の教材」、「『語り部』と『聴き手』のコミュニケーション」、「ハンセン病回復者の平沢」、「語り部」の4点について最初に検討する。その他の先行研究は各章で取り上げたい。

(1)「人権教育の教材」に関わる先行研究

全教育活動を通じて行う人権教育であることから、学校レベルでは、各校が作成する人権教育の全体計画及び年間指導計画に基づき、各教科、道徳科、総合的な学習の時間などにおいてそれらが展開されている。この全教育活動全体を通じて行う人権教育の教材に関わる先行研究を検索したところ、「判決文の教材化」及び「特別の教科 道徳に関わる教材」の2点が明らかになった。

① 判決文の教材化

まず、人権教育の教材として裁判の判決文を取り上げた研究がある。梅野(2002、12頁)は判決文を教材化するとともに、「小川中学校事件」や「中野富士見中学校事件」のいじめ問題を取り上げた授業実践を展開している。この梅野の研究の系統に位置付けられるものとして、福田(2008)、新福(2010)、福元(2010)がハンセン病の問題を取り上げ実践している。この他にも、学校において裁判に至るような事件・事故など具体的には体罰や教師教育に関わる判決文が教材化され、それらの実践が報告されている。

② 道徳科の教材

次に、道徳科の教材を用いた先行研究が挙げられる。梅野・蜂須賀(2020)は、道徳科に人権教育と関連した教材があることを指摘している。また、河野辺(2020/2021)は、道徳科の小学校・中学校用検定教科書に掲載されている人権課題に関連のある教材を洗い出し、その存在を指摘している。判決文にしても道徳科の教材にしても、それらはいずれも文字教材である。第二章において指摘する現代の「文字の文化」優位の状況が、教材の在り方に映し出されているのである。

学校には「語り部」の「語り」を人権教育の授業に取り入れる実践がありながら、学校と連携を図りそれを研究の対象にしようとする動きは確認できない。まして、音声教材の活用またはその可能性について触れている先行研究も、筆者が把握する範囲では見当たらない。よって本研究が、これまでの人権教育に関わる研究の空白を補完する位置に立てるものとなることを祈念する。

⑵　『語り部』と『聴き手』のコミュニケーション」に関わる先行研究

第二章で取り上げる「コミュニケーション」は、殊更に説明を加えなくても、日常生活で多くの人々が使用し共通のイメージを描くことができる用語となっている。それ故、コミュニケーションを対象とする研究領域は多岐にわたっている。まず、各領域におけるコミュニケーションを対象とする研究を概観した後、「語り部」と「聴き手」の関係性についての先行研究を確認しておこう。

①　各領域における「コミュニケーション」の研究

コミュニケーションについては、学問の各領域を概観すると、社会学では後藤（１９９９、15―16頁）、通信工学では寺島（２００９、９頁）、哲学では柏端（２０１６、22―23頁）、コミュニケーション学では池田（２０００、22頁）がそれぞれの領域に応じた定義を行い、広範な分野から知見が述べられている。特に本研究においては、個人に立脚し、他者との交流だけでなく、自分の内部で想いを巡らせる「自己内対話」のようなコミュニケーションが成立することを想定する池田（２０００／２０１０）の定義及び発想に着眼点を得ている。さらに、コミュニケーションを構成する要素については、J．M．ウィーマン（１９７７）が掲げる5つのコミュニケーションの構成要素を参考にした。

②　「語り部」と「聴き手」の関係性に関わる研究

「語り部」と「聴き手」に関して「語り」の原理的作用を論じた河合・鷲田（２０１０）の研究がある。また、つい見落としがちな「文字」と「声」の比較に関して原理的に論じた古典としてW．J．オング（1991）がある。日本の文学者や心理学者なども、童謡やわらべうた、詩や絵本の読み聞かせなどを通して、「語り手」と「聴き手」を結び付ける声によるコミュニケーションがいかに重要であるかを論じている。中でも、河合・阪田・谷川・池田（2019）は、「声」の特質について強調している。

さらにこの根本問題について教育研究の観点に立ち捉え直したのが添田（2019、第六章）である。添田は、日本の教育の主要な媒介言語は言うまでもなく、話し「声」に対比される「文字」の方であり、学校教育では表語文字である漢字を核とする「読み書き」中心の教育に傾斜していること、「声」にはあまり重きを置いていないことを指摘している。

(3)　ハンセン病回復者の平沢に関わる先行研究

平沢は自身の著作出版等の実績がある。加えて、新聞・テレビの取材等を通した発信力及び人的なネットワークを兼ね備えた存在である。それ故、その言動は複数の領域で注目され研究の対象にもなっている。以下、平沢に関わる先行研究を確かめておこう。

まず、教育の視点からは、佐久間（2014）、成田（2013）が、子どもたちの関係性について取り上げ、平沢が子どもたちの心を捉える力を持っていることを指摘している。

次に、社会との関わりにおいては、長尾・中村（1996）は「社会的な存在」、川﨑（2014）は「語り部」であり「社会運動家」であると平沢を評している。さらに、細田（2010／2017）は、「対等な人間どうしとしての付き合いの積み重ねが、この社会から差別、偏見を取り去っていくことにつながる」という平沢の言葉を引き出し、「このような当事者のスティグマ削減のための活動を正当に評価し当事者の活動を支える社会をいかにつくりあげるかということが今後の課題になろう」との認識を示している。

そして、平沢の個人史に着目したのが今津（２０２１）である。平沢が、ハンセン病回復者として偏見や差別を克服してきた人生を「たたかい」とひらがなを使って表現する理由や背景を平沢の個人史を分析しながら論じている。

（4）「語り部」に関わる先行研究

人権教育を推進し続けるためには、途切れることなく次世代の「語り部」を育成することが必要である。直接の体験を有する「語り部」が亡くなった後においては、言葉の背景にある意図や想いを改めて本人から聴きとることは不可能となる。一度生じてしまった空白を取り戻すには多数の文献や他者の情報等を収集し、考察を加えるなど計り知れないほどの熱量と時間を要するからである。様々な分野での「語り部」に関わる先行研究を以下に確認しておこう。

まず、岩本（２０２０、１頁）は、日本においてナラティブ（語りあるいは物語）やオーラリティ（音声あるいは口頭性）が、幅広い領域の実践的な概念として、その使用が高まっていると指摘している。この岩本の指摘のとおり、昔話や地域文化などにおいても「語り」が幅広く注目され、その具体例として、世界遺産（大澤・江本、２００６）や民話（佐藤、２０１３）など、多様な分野の「語り部」の存在が確認できる。

次に、民俗学的視点から「語り部」について総合的に洞察したものとして川松（２０１８）の論考がある。教育学の一領域である人権教育・人権学習における現代「語り部」の研究としては、大石（２０１８）が、広島・長崎・沖縄３県での事例を取り上げ、次世代型の平和教育について触れている。その他にも、戦争体験・被爆体験・公害に関わる先行研究が数多く挙げられる。中でも公害、とりわけ水俣病については、池田が２０１０年に「語ること、そして「伝わる」もの―『水俣』が教えてくれるコミュニケーション教育の可能性―」を発表して以来、２０１５年に至るまで、論文の発表や著作の発刊を連続して行っている。

本研究においては、関係各章において池田の論考を参照し、「語り部によるコミュニケーション」、「当事者及び当事者性」などについて論じている。

その他、日本で唯一直接的な戦場となった沖縄の「ひめゆり部隊」に関わる「語り」に着目すれば、「体験者の持つリアリティーに迫る理解・共感可能な学習」（外池、２０１３）の重要性が浮かび上がる。外池（２０１３）は国立広島原爆死没者追悼平和祈念館の「被爆体験伝承者」と「ヒロシマ・ピース・ボランティア」を比較し、その特徴は対照的であると評価した。さらには、被爆体験の継承には「語り」そのものを受け継ぐものと「語り」を再構成しながら受け継ぐものがあると整理している。

また、「語り部」と「聴き手」が向き合っても、常にプラスの成果が得られるとは限らない。その一例として、阪神・淡路大震災の事例において、高野・渥美（２００７）が「語り部」と「聴き手」の両者の関係を調査分析した結果、震災体験を語り継ぎたい「語り部ボランティア」と防災行動一般を知りたい「聴き手」との対話にはズレがあることを明らかにしている。一方では、このズレに着目し、「語り部」が伝えたい震災の語りと「聴き手」が期待する防災の語りとを接合するために、両者が継続的に交流する機会を設定し、ズレを解消する道筋を明らかにした矢守・舩木（２００８）の論考がある。

このように多様な「語り部」と「聴き手」の関係性を踏まえ、本研究においては第三章第二節において、「語り部」である平沢と「聴き手」の関係性を明らかにするために、平沢の「語り」を実際に聴いた小中学生の感想文を取り上げ、その分析・考察を行うこととする。

2. 研究方法

以下に「人権教育の障壁」を乗り越える方策を導くための研究方法について述べる。

(1) 各分野における文献研究の集積

まず、本研究の内容に関わる各分野の先行研究となる研究論文等及びそれに関連する書籍等を収集し文献研究を行う。人権及び人権教育に関わる実態把握については、各地方自治体で実施されている調査もあるが、文部科学省の調査研究等の最近の情報を対象とした。

平沢は、福祉・人権機関等が発行する機関誌・会報紙等へ寄稿しており、全生園の機関誌『多磨』には、２０１５年11月から２０１９年9月の40回にわたり平沢の人生記録とも言える記事を連載している。筆者は、平沢の了解を得て、研究協力者の江藤佳子氏[14]（以下、「江藤」と略記）と共にその編纂に当たり、平沢の著書『ぶらっと万歩計―74年を生きて―』（筆名・三芳晃）を刊行した。２０２１年に私家版として刊行した同書を平沢に係る文献研究の中核に据え、その他の平沢の諸著作と共に比較・検討を行った。

その他、ハンセン病に関わる専門的な知識、全国に14か所ある国立療養所等の情報の収集に際しては、資料館の図書室を利用し同室の司書等から諸資料に関する助言を得た。

(2) インタビュー調査の実施

インタビュー調査を行うことにより、その対象者の思考・判断・行動等の理解を深めることが可能となる。文書資料等には表れにくい対象者の置かれていた状況やその背景、時間経過とともに変化する心の内を肉声をもって聞き取り、筆者が調査者として想定していた「仮説」を確認することもできよう。調査者と対象者が合意形成を図りながら進めるインタビューには、新たな視点や発見を呼び起こす可能性が含まれている。

本研究で実施するインタビューでは、平沢が「語り部」となった経緯や「語り」の特長を明らかにし、これまでの先行研究の限界を乗り越えることを意図して行ったものである。

蘭（２００４、26頁）によれば、平沢は「『人間回復』のために、自らの過去と向かい合い、それを隠蔽させようとする周囲の力に抗して、自分の存在を世間に問う」入所者の一人として評価されている。筆者は、平沢とは20年来の知己であり、筆者にとっての「育ての親」のような存在であったため、平沢を客観視し評価する意図や機会を持たないままに今日に至っていた。しかし、新型コロナウイルス感染症が拡大する状況にあって、平沢が「子どもたちへのメッセージ」を自ら発したとの情報を得て、研究対象として今こそインタビューを行う時機であると判断した。

インタビューとその記録取りについては、２０１９年3月と12月、２０２０年7月の計3回、全生園内の平沢の居宅において、筆者が江藤と共に調査者を務め毎回1時間程度行った。ライフストーリーの手法に基づくこのインタビューは半構造化法[15]により実施し、録音及び手書きの記録法を用いている。

このライフストーリーと近似した概念にライフヒストリーが挙げられる。このライフストーリーとライフヒストリーの定義には諸説ある。そこで筆者は、やまだ（２０００／２００６）、桜井（２００２／２０１２）、谷（２００８）の先行研究を踏まえ「ライフストーリーとライフヒストリーの相違」について検討した。その結果、本研究においては、以下に掲げる桜井（２００２）の考え方に基づき、平沢に対するインタビューについては、ライフストーリー法に依るものとした。

ライフヒストリーは、調査の対象である語り手に照準し、語り手の語りを調査者が様々な補助データを補ったり、時系列的に順序を入れ替えるなどの編集を経て再構成される。それに対しライフストーリーは口述の語りそのものの記述（アカウント）を意味するだけでなく、調査者を調査の重要な対象であると位置付けているところが特徴なのである。（桜井、２００２、９頁）

今回のインタビューは、あくまでも平沢の個人史に焦点を絞り、平沢が「語り部」になるまでの経緯とその諸活動、そして平沢の「語り」が有する特長を明らかにすることを目的としたものである。ライフストーリー法によるインタビューによって得られる語りは「過去の出来事や語り手の経験したことというより、インタビューの場で語り手とインタビュアーの両方の関心から構築された対話的混合体」（２００２、桜井、31頁）であり、これは筆者自身が、これまでに平沢の「語り」の場に臨み率直に感じてきたことを、改めて検証する場でもあったと言えよう。

(3)　児童生徒の感想文の分析

平沢の「語り」が児童生徒の学びにどのような影響を与えているか検証するために、児童生徒の感想文を分析した。平沢にはその「語り」の「聴き手」から寄せられた自由記述の感想文が私物として多数保管されており、筆者はその活用等を平沢から託されていた。最終的には、平沢が２００２年~２０１６年の間に行った「語り」のうち、都内公立小学校7校、中学校2校、小学校5年生から中学校3年生までの計８６６名の感想文の分析を行った。分析方法の一つは「人権教育3つの局面ＡＢＣ」を評価の基準として用いた質的分析であり、もう一つは、「普遍的な視点からのアプローチ」につながる「日生活上の基本的価値」のキーワード4語と「個別的な視点からのアプローチ」につながる「人権課題に関わる価値」のキーワード4語の表出回数を量的に集計したものである。この分析結果については、第三章二節「5.　児童生徒の感想文に見る平沢の『語り』の持つ力」（94頁）においてその詳細を述べる。

(4)　参与観察研究の実施

参与観察研究の対象となる学校は、2018年・2019年の2年間にわたり人権教育の研究指定を受けている公立栄美小学校（仮称）である。筆者は「⑴各分野における文献研究の蓄積」及び「⑵インタビュー調査の実施」を通して明らかになった平沢の「語り」の特長を踏まえ、「語り」の教材化を栄美小学校の教員に提案した。

この提案に基づき同校は、授業構想を取りまとめ、2019年10月及び2020年3月にその授業を実現し、筆者は、この道徳科の授業を中心とする一連の授業実践の企画段階に関与した。その際、実践そのものは同校教員が独自に行い、筆者は授業観察及び教員間で実施する研修会の協議等に参加し、成果と課題の共有を図ってきた。これらの実践で得られた成果を踏まえ、第三章第三節において、人権教育の再構築に向けた今後の展望を明らかにしている。

(5)　研究倫理への配慮

①　倫理委員会での承認及び資料館からの支援

本調査については、偏見や差別の実体験を持つ平沢をはじめとするハンセン病回復者の「語り部」を対象にインタビューを実施することから、所属大学における倫理審査の申請に先立ち、インタビューの対象者の帰属機関等における倫理審査等が必要となった。そこで、以下の通りの対応を行った。

ア　多磨全生園入所者自治会への対応

まず、筆者から多磨全生園入所者自治会長あてに「語り部」活動に携わっている入所者との面談について依頼を行った。それに対して、多磨全生園入所者自治会からこの面談については、自治会長の平沢が対応する旨の回答を得ることができた。

イ　東京純心大学における対応

多磨全生園入所者自治会から面談実施の許諾を得たことを踏まえ、２０１８年12月当時所属していた東京純心大学に必要書類を提出し倫理審査の申請を行い、承認を得ることができた。

ウ　資料館への対応

当初は、全国各地の療養所への訪問及び各療養所で活動している「語り部」との面談を実施する予定があったが、訪問・面談等の依頼、倫理審査の有無等は、療養所・入所者自治会によって異なるものであった。そこで、資料館からは、各療養所等との手続きが円滑に進むようにとの配慮の下、推薦書を拝受している。

② 研究対象者（平沢）への説明と研究同意の確認

平沢に対しては、事前に説明を行い研究参加の同意を得た。インタビューは**資料Ⅱ－１**（２１２頁）のインタビューガイドに基づき実施している。その際の倫理的な配慮は、以下のとおりである。

・面談等を通して得られた情報等を分析し、その成果等を論文にまとめ発信する際には、氏名等の個人情報の公表の有無及び表記の内容や方法等について、事前に希望の有無を確認しそれを尊重する。

・研究の内容等についても、公表する以前に、確認と意見等を求め、原則としてそれらを尊重する。

・面談等を通して得た情報を研究目的以外に用いることはない。また、個人情報を保護するため、逐語録の氏名は研究データから除外し、符号に置き換えて管理するとともに、ＩＣレコーダーの録音データは、逐語録作成後に廃棄する。

・匿名化し、個人が一切特定されない形にした研究データは、筆者の責任の下、研究のため10年間保管し、10年後には、全てのデータを廃棄する。

③　研究フィールド及び研究対象者の匿名化

まず「語り部」の「語り」を教材化した実践の主体者である公立小学校については、研究のフィールドとして匿名化を図り、仮称「栄美小学校」を用いている。なお「栄美小学校」の当時の校長から、研究活動に関わる情報等の活用について許諾を得ている。

④　児童生徒による感想文の取り扱い

本来ならば、感想文を寄せた当該の学校及び児童生徒とその保護者から了解を得ることが必要であるが、感想文の執筆時期から既に6~20年が経過しており、対象となる866名に全員に連絡をとり許諾を得るのは物理的に不可能であると判断した。よって、学校名や個人名は全て匿名として扱うことで配慮した。

⑤　利益相反の有無

なお、本研究に関連して、開示すべき利益相反関係にある企業等はない。

14　法務省人権擁護委員、多磨全生園人権擁護委員会外部委員を務めている。個人的にも長年にわたり平沢と交流を続け、「語り部」平沢の実像に詳しい。令和5年春の叙勲において瑞宝双光章を受章した。

15　インタビューガイドを利用して順に質問しつつ、回答内容に応じて柔軟に質問を追加して対話を深めていく方法

第五節　各章の要点

本書は、この序章をはじめとし、第一章から終章までの計六章によって構成している。第一章以下の要旨を章ごとに示す。

【第一章】人権教育の推進における障壁と「語り部」の果たす役割

人権教育の基本的な指針である〔第三次とりまとめ〕には、人権教育の目標が分かりやすい言葉で示されている。この章では、この人権教育の目標に基づき「人権教育3つの局面ABC」という仮説を提起する。人権教育推進上の障壁を乗り越えるには、偏見や差別の実態を知る「局面A〔知育〕」から、自分事として捉え課題に向き合う「局面B〔当事者意識〕」を経て、課題解決のために実現可能な方策を考え実行する「局面C〔態度変容・行動〕」に至ることが必要である。課題解決のための方策として、「語り部」の「語り」の教材化を図り、「語り」の持つ可能性について考察する。

【第二章】「語り部」と「聴き手」のコミュニケーション

「語り部」と「聴き手」が出会う時に生まれる「コミュニケーション」の持つ価値に着目し、「語り手」と「聴き手」の関係を多角的に検討する。その際には「語り」を導入する際に忘れられてきた「声」による「聴き手」とのコミュニケーションに言及する。そして「文字と声」を比較し「声」の持つ働きに着目し、「語り部」の「語り」の意義を確認する。さらに、コミュニケーションの重要な様態の一つに「沈黙」がある。この「沈黙」に着目することにより、これまでにない人権教育の在り方を模索していく。

【第三章】ハンセン病回復者の「語り」とその教材化

ハンセン病回復者の佐川と平沢という二人の「語り部」に注目する。両者の「語り」を分析し、「語り部」の「語り」は一人ひとり異なる特性を持つという自明の理を再確認する。そして、定評のある「語り」を続けてきた平沢と「聴き手」である子どもたちとの間で交わされるコミュニケーションを考察の対象とし、その特長を明らかにするとともに「語り」の持つ力を解明する。

さらに、平沢の「語り」を教材化した小学校の実践事例を取り上げ、成果と課題を明らかにする。成果の一つとして、各教科と総合的な学習の時間等との意味ある関連を図った人権教育の実践方法を「多元複合的実践法」と名付け、その学習過程において、第二章で取り上げた「語り」と「沈黙」の関係性に焦点を当てる。

【第四章】多様な現代の「語り部」とその育成

第三章で提唱した「多元複合的実践法」の鍵を握る「語り部」は、高齢化しているだけに次世代の「語り部」育成が喫緊の課題である。そこで、この章においては、現代の多様な「語り部」の存在とその継承と育成方法について取り上げる。第二章で取り上げた「コミュニケーション」の視点を踏まえて考察を重ね、育成上の留意点等についても提案する。

継承者育成問題には悲観的な見解が示される一方、沖縄・広島・長崎等においては、戦争・被爆体験に関する継承への取組が進められ、若い世代の「語り部」が、当事者とは異なる視点から「語り」を受け継ぎ、新たな局面を創造している。各地域の語り部育成の特色を明らかにし、「語り部」及び「語り」の将来について提起する。

【終章】人権教育の再構築

今後の人権教育の再構築を目指すいくつかの提言を示し、全体を総括する。

まず、社会の情勢はどうであれ、学校教育に対する人権教育推進の要請や期待は変わらないことを確認する。そして、この期待に応え「人権教育の障壁」を乗り越えるために、コミュニケーションを中核に据えた人権教育の推進を提唱する。そのためには、学校や学年、各教科等の枠組みを越えたカリキュラムマネジメントの手法を用いた人権教育の創造が求められる。教師自身が「語り部」となり得る可能性を持ち合わせていること、児童生徒を未来の「語り部」として育成することが鍵となろう。

残された課題として、全国に存在する現代「語り部」の多様性の追究、さらに今回提起した「多元複合的実践法」の実現及びその実践の拡大を指摘する。

第一章

人権教育の推進における障壁と「語り部」の果たす役割

第一節「人権教育3つの局面ＡＢＣ」

学校教育において「人権」という教科はなく教科書もないが、人権教育は、２０００年に成立した「人権教育及び人権啓発の推進に関する法律」に基づく教育である。この法律によって「人権教育には国内法上の根拠が与えられるようになり、人権教育は国、自治体、市民社会の責務と位置付けられた」（石埼・遠藤、２０１２、39頁）のである。そして、同法7条の規定に基づき２００２年に策定されたのが「人権教育・啓発に関する基本計画」である。２００３年には「人権教育の指導方法等に関する調査研究会議[16]」（以下、「調査研究会議」と略記）が設置され、発足以来、審議を継続し公表してきたのが、〔第一次とりまとめ〕（２００４年6月）、〔第二次とりまとめ〕（２００６年1月）、〔第三次とりまとめ〕（２００８年3月）である。この〔第三次とりまとめ〕に至る過程において、審議会答申の指摘及び法律等で示される人権教育に関わる用語が難解であるとの教員等の声に応えようと、人権教育を通じて育てたい資質能力の図表、具体的な実践の例示等、様々な工夫が行われている。その工夫の一つとして、人権教育に関わる正しい理解を広めるために基本的な概念である「人権尊重の理念」を［自分の大切さとともに他の人の大切さを認めること］と平易な言葉で表現した上で、人権教育の目標を定義したことが挙げられる。

この〔第三次とりまとめ〕の先行研究には、「批判的な視点を持つことを回避させるもの」と捉えて検証する阿久澤（２００８）・梅田（２００８）、「教育三法『改正』以降の新たな国家統制を強める教育改革を学校現場に浸透させる『役割』を果たすもの」と捉える森田（２００８）、「とりまとめの批判言説の論点整理及び権力的関係の分析」を行った板山（２００９／２０１０）らの指摘がある。

それに対して「日本における人権教育のスタンダード」志水（２０１８）、「効果的な人権教育を実現するための枠組」谷口（２０１１）、「日本の学校における人権教育の推進にとって、今後きわめて大きな意味をもつ文書」平沢（２００８）、「人権教育の取り組みに関して総合的に目配りしたもの」若井（２００８）、「『とりまとめ』の活用をテコに人権教育の普及定着」を求める高松（２００８）のように、肯定的に評価する論考もある。

これらの賛否を比較・検討し、本研究においては、〔第三次とりまとめ〕が人権教育の具体的な指針として初めて示され、現在もその状況に変わりがないこと、〔第三次とりまとめ〕に基づく取組状況について、２００９年・２０１３年の2回にわたり調査[17]が実施され、客観的なデータが取得できることを評価し、〔第三次とりまとめ〕を肯定する側に立って研究を進めていくこととする。

この〔第三次とりまとめ〕には、人権教育の目標として「一人一人の児童生徒がその発達段階に応じ、人権の意義・内容や重要性について理解し、［自分の大切さとともに他の人の大切さを認めること］ができるようになり、それが様々な場面や状況下での具体的な態度や行動に現れるとともに、人権が尊重される社会づくりに向けた行動につながるようにすること」（文部科学省、２００８）が定義されている。このことを敢えて言い換えれば、人権教育は、「知的理解、つまり分かる」ということに加え、「人権感覚を高め醸成することによって自分の人権を守り、他者の人権を守ろうとする意識・意欲・態度を高め」、さらに「実践行動につなげる」ことを求めているものと言えよう。

そこで、偏見・差別の構造を克服するための手がかりとして**図１－１**（口絵）の「人権教育３つの局面ＡＢＣ」という仮説を立てた。これは、〔第三次とりまとめ〕に示された人権教育の目標を根拠に、筆者の人権教育に関わる学校現場での諸経験を通して得られた知見を加味して作成したものである。重要な点は人権教育を一括りに捉えるのでなく、人権教育の過程をいくつかの局面に分けて把握する視点を取れば、実践の目標や方法の分析が可能になると考えたからである。偏見や差別に悩み苦しむ当事者の力になるためには、偏見や差別の実態を知る「局面A（知育）」、自分事として捉え課題に向き合う「局面B（当事者意識）」を経て、解決のために実現可能な方策を考え実行する「局面C（態度変容・行動）」に至ることが必要である。

しかもこの3つの局面は、局面Aから局面Bそして局面Cへと直線的に高まっていくものではない。人権教育を推進するということは、方向性として局面Aから局面B、そして局面Cを目指しながらも、実際には行きつ戻りつ、しかも螺旋状に揺れ動きながら変容・成長を遂げていくものと考えている。

2021年3月、この「人権教育3つの局面ABC」の根拠となる〔第三次とりまとめ〕の補足資料が公表された[18]。これは、〔第三次とりまとめ〕が公表されてから10年以上が経過し、その間の社会情勢の変化、学習指導要領の改訂、個別の人権課題に関わる法令等の整備を踏まえ、〔第三次とりまとめ〕を改めて活用するために提示されたものである。この資料については、作成に当たった「学校教育における人権教育調査研究協力者会議」自身が「提言書や報告書ではなく参考資料」と称していること、また公表されて間もないことから、補足資料を論評する先行研究はまだほとんど見当たらない。

それでも〔第三次とりまとめ〕を作成した調査研究会議の座長である福田（2022）は、この補足資料が、個別的な人権課題の最近の動向等を詳細に示していることを評価した上で「『子供』の人権課題に関する深刻な状況」を指摘している。また伊藤（2022）は、「人権教育と学習指導要領との関係、個別的な人権課題の主な動向」に着目している。さらに、森（2021）は、今後の人権教育においては、個別的な人権課題に重点を置き、行動力の育成を図ることこそが現代的課題であると指摘し、次のように述べている。

１９４７年に日本国憲法が施行されて以来、「差別してはいけない」ということそれ自体は多くの国民にとって「常識」となってきました。「教えられなくてもわかっている」事柄になったということです。それ以後の人権教育の課題は、「差別してはいけない」ということではなく、どうすれば差別をなくせるのか、そのためには自分が何をすればよいのか、といった点を学ぶことになりました。子どもたちの側はそのような内容を期待しているにもかかわらず、学校の人権学習では「差別してはいけない」という結論にとどまることが多いのが実情です。

まさに、「局面Ａ（知育）」に止まりがちなこれまでの人権教育について「局面Ｂ（当事者意識）」を経て「局面Ｃ（態度変容・行動）」へ高めていく重要性を森は説いていると言えよう。「差別禁止」を形式的に唱える人権教育からの脱却を図り、本研究においては、これからの時代を生きる子どもたちの期待に応え得る人権教育の再構築を目指す。先に挙げた「人権教育３つの局面ＡＢＣ」を貫く原理を追究し、児童生徒を「人権を守る継承者」として育んでいければ幸いである。

なお、局面Ｃに至る過程の局面Ｂの当事者意識については、中西・上野（２００３、17頁）が「社会的弱者にとっては、あなたが『なにもしないこと』―不作為の罪―が、差別の加害者に加担する結果になるように、当事者学は、実のところ、どんな差別問題にも、非当事者はどこにもいない」と述べているように、人権の局面Ｂにおける当事者意識とは、被差別の当事者と歩みを共にする存在であることをここに銘記したい。

16　文部科学省が、人権尊重社会の実現に向け、「人権教育・啓発に関する基本計画」（２００２年３月閣議決定）に基づき、学校における人権教育を推進するため、学習指導要領等を踏まえた指導方法の望ましい在り方等について調査研究を行うために設置した機関。会議設置当時、筆者は、東京都東村山市教育委員会の指導主事の立場として調査研究会議に参加していた。

17　都道府県及び全国の市町村、並びに全国の市町村立の小・中学校、都道府県立の高等学校・特別支援学校のうちから無作為に抽出（抽出率約５％）した学校を対象に、２００９年と２０１３年に調査を行っている。

18　２０２２年３月改訂が加えられた。「ビジネスと人権」に関する行動計画の策定、子どもの人権にかかる動向（「こども家庭庁設置法案」など）、ハンセン病、新型コロナウイルス感染症による偏見・差別への対応に係る動向等が追記されている。

第二節　「語り部」の役割

本節においては、教材としての「語り部」の「語り」が、実際の実践にどのように取り入れられているかを確かめ、人権教育を推進する上での「語り部」の果たす役割と課題等を明らかにしていく。

本研究において偏見・差別の構造を克服するための手がかりとなる「人権教育３つの局面ＡＢＣ」は、〔第三次とりまとめ〕に示されている人権教育の目標を根拠に立案した仮説であることは、先に述べたところである。さらにこの〔第三次とりまとめ〕には「人権教育における指導方法等の基本原理」として、児童生徒の「協力」、「参加」、

「体験」を中核に置くことが示されている。

ここで「語り」を教材化することにより協力の対象は「語り部」を含む人々となり、「協力」の範囲を拡大した人権教育の実現が期待できる。また被差別の当事者との協力体制の構築は、課題の解決や追究に主体的な「参加」を意味する。さらに「語り部」との関係性が深まれば深まるほど、問題の解決や方策の探究は現実味を帯び、その実現を通して児童生徒は自ずと生きた知識や技能を身に付けるようになる。このように「語り部」の「語り」の教材化は、人権教育の指導方法の基本原理にも叶うものと言えよう。

まず、文部科学省が人権教育推進のためにホームページに公開している実践事例[19]を検討することとした。検索すると「外部講師に被差別の当事者を講師として招聘している事例」について、3事例を確認することができた。そして、この3事例において指導者が同様に重視しているのが「語り部」の「語り」を直接聞くことである。以下にその実際を確かめてみよう。

まず、3事例の講師（語り部）は、「⑴容貌にある障がいのために差別を受けた当事者」、「⑵ハンセン病療養所の入所者」、「⑶北朝鮮当局により拉致された被害者の親族」の3名であった。いずれの事例においても、講師の体験談を聞く活動の前後に、児童生徒との交流活動や質疑応答の機会が設定されていた。とりわけ⑵・⑶の事例では、体験談を基に調べ学習を行い、その学習の成果を発表する活動も設定されていた。

次に、それぞれの事例を先の「人権教育3つの局面ＡＢＣ」に照らし合わせ、どのような状況に至っていたか判断するために、⑴～⑶の事例に紹介されていた児童の感想を分析する（傍線は筆者による）。

1. 児童の感想に見る人権教育の局面

(1)　容貌にある障がいのために差別を受けた当事者

・誰に対しても偏見をもつことなく、差別せずに公平・公正な行動を取ろうとすることの大切さに気付きました。（第6学年児童）

(2)　ハンセン病療養所の入所者

・○○さんにお会いしてたくさんのことを学びました。一番は「あきらめない心」です。何事にも負けずにがんばっていたのがすごいと思いました。そして、自分から立ち向かっていったことがすごいです。このことを忘れないようにしていきたいと思います。（第5学年児童）

(3)　北朝鮮当局により拉致された被害者の親族

・私にも兄弟や家族はもちろんいるけど、日ごろから大切に思うということを忘れず、らちはいけないと心に思いながら生きていきたいです。

・らち問題の意味や、らち被害者の御家族の悲しみが○○さんたちの話を聞いて知ることができました。そして、家族と一緒にいられること、一緒に笑えることがどんなにすごいことなのか、改めて考えることができました。

・拉致問題で学んだことをプレゼンテーションで（人権教育参観日の参加者及び児童に）伝えることができました。今後も拉致問題の解決について調べていきたいです。

・今日が学習のスタートなのでしっかりと学び少しずつでも自分たちができることを積極的にしていこうと思いました。（児童の学年不明）

以上の感想について「人権教育3つの局面ＡＢＣ」に照らし合わせ検討していこう。

まず、⑴である。「誰に対しても偏見をもつことなく、差別せずに公平・公正な行動を取ろうとする」は、あたかも教師の「指導のねらい」を模したかのような内容である。教師が、複数の感想の中からこの児童を選択していることを考えると、指導者として「局面A（知育）」を目指す意図があり、児童の学びもそれに応じたものとなっている。

次に、⑵の事例では、被差別の当事者との交流を2回行うとともに、学習成果発表会にも招待している。直接出会えたからこそわかり得る当事者の心情や生きる姿勢を学び取っており、「局面B（当事者意識）」に至っていると言えよう。

さらに⑶の事例で、児童は、まず、拉致被害者家族と拉致問題担当の行政職員との対談を聞き、その後の人権教育の参観日において学習成果の発表を行っている。感想から「らちはいけないと心に思いながら生きる」と記し「局面A（知育）」に至った児童、「知ること・考えること・伝えること・調べること」等の成果が挙がり、人権教育の「局面B（当事者意識）」に至っていると判断できる児童、「今日が学習のスタートなのでしっかりと学び少しずつでも自分たちができることを積極的にしていこう」との記述から「局面C（態度変容・行動）」の入り口まで到達した児童も現れている。

要するに、文部科学省が「優れた事例」としてホームページに公開している実践事例であっても、子どもの感想を取り上げて分析すると、「人権教育の3つの局面ABC」の局面Aや局面Bに至ったものの、局面Cにはなかなか入り込んでいないことに気付かされる。

2. 指導の「工夫」がマイナス効果をもたらす場合

被差別の当事者を「語り部」として招く授業実践には別の問題も孕んでいることを指摘しておきたい。筆者が実際に体験した事例を紹介しよう。

ある学校では、担当教師が「人から話を聞く際には質問するのが礼儀である」との認識に基づいて事前指導が行われていた。このような指導が徹底すると、児童生徒は、複数の質問等を用意し講演に臨むようになる。そうなれば自ずと児童生徒の意識は、「語り」の内容よりも予め用意した質問等を如何に問い掛けるかに向かっていくこととなる。

さらに極端な例としては、講演終了後の謝辞の場面では、面識もなく講演の内容を知らない生徒が、事前に用意した原稿を読み上げ「お礼の言葉」を述べることさえある。

このような質問や謝辞は、講演前に用意されたものであることから、児童生徒に「語り」の内容を受け止める余地はなくなってしまう。むしろ、事前の指導が徹底すればするほど、用意した質問に対する答えを相手から引き出すことに力点が置かれ、その結果、児童生徒は「差別はいけない」、「人権を大切にしよう」といった、誰もがその正しさを認める最大公約数的な言葉を感想として、講演から学んだかのように話し記すこととなる。

同様の事例として、米山（２００５、１８４頁）は、「聴き手」である生徒からの「お話をきかせてくださってありがとうございます。この平和な時代を大事にしたいと思います」といった差し障りのない返答に、多くの被爆者が虚しさを感じているとの事実を指摘している。そして、そのような状況が生まれる理由として、事前学習の際に過剰な情報を与えられた生徒にとって、現地での「語り部」の「語り」を聴くことは、既習事項の再確認の場となってしまっているからだと分析している。

これらの事例から、「語り部」を慮り予め質問や謝辞を用意すること、現地訪問という貴重な経験の価値を高めるために事前学習を徹底すること等、これまでの人権教育の取組が、逆の効果を生む場合があることに気付かされる。

改めて、「語り部」の「語り」を教材として捉え、それを教材化する上で予めすべきことは何か、人権教育の教材としての要件及びその留意点等について以下に考察する。

19　文部科学省（2012）人権教育に関する特色ある実践事例実践事例の観点別一覧○個別人権課題をテーマとして効果的に取り扱った実践事例<https://www.mext.go.jp/a_menu/shotou/jinken/jirei/1321770.htm>（2022年5月3日閲覧）

第三節　「語り」の教材化とは

1.　教材とは何か

教材について改めて問われると、教育学において「教材」については様々な定義があり、一義的に捉えることは難しい。しかし、教材が、教師が授業を展開する上で欠かすことのできない重要な素材あるいは材料として活用されていることは、教育に携わる者にとっては周知の事実である。実際、知・徳・体にわたる「生きる力」を子どもたちに育むことを目指す平成29・30・31年改訂の学習指導要領においても、授業の質的な向上を図るために、教材の改善を引き出すことが求められている。つまり、教師がどのような教材を選択し如何に活用するかで、児童生徒の学びの質は左右される。だからこそ、教材研究を積み重ね、より質の高い授業を児童生徒に提供することは、教師に課せられた責務と言えよう。

このような教材の重要性に鑑み、数多くの定義はあるが、一つの見解を引用し共通理解を図っておこう。新井（2016、9頁）は教材を「教育の目的・目標を達成するための内容を、教育の対象者に理解させるために制作・選択された図書その他の素材。広義には、教えるための道具としての教具を含む」と定義し、その他の素材には、「視聴覚教材・映像教材といったように教材の性格に応じた教材」が含まれるものとしている。よって、本研究において取り上げる「語り部」の「語り」を教材と位置付けることは適正と判断できよう。続けて教材化した「語り」の教材研究について考えていこう。

2.「語り」の教材化に向けた教材研究の必要性

名演説が聴衆の心を打ち、国全体の動向に変化を生み出してきたという歴史的な事実から、話し言葉の持つ影響力の大きさを、私たちは体験的に学んでいる。

しかし、里見（2000）が「学校は文字文化の伝承の場として成立した」と指摘しているとおり、「語り」や「メッセージ」などの音声を学校や教室の中で積極的に活用すること、つまり、「語り部」の「語り」を意図的に教材化するという試みはこれまでなかった。実際、『教材事典』に掲載されている田中（2013）の「話すこと・聞くことの領域」の「教材の種類」の中に「語り」や「音声を通じたメッセージ」に関する内容は分類されていない。そもそも、これまでの人権教育において「語り部」の「語り」を、教師が自ら「教材」と捉える発想はほとんどなかったように思われる。

先に確認した教材の定義とは異なり、「教材」とは教師が指導の際に用いる手段の一つに過ぎないといった捉え方もある。よって、招聘した「語り部」という人物の「語り」を言わば字義通りに「手段」と称すれば、あたかも「人を物のように捉え軽んじている」と批判されるのではないかとの自主規制が働くことも想像できる。その結果、「語り」を「教材」として吟味することに遠慮や躊躇が生まれ、何ら検討を加えることなく「語り部」を招聘する事実だけが残っていったのだろう。だからこそ次の宮本（２０１３）による「教材開発」と「教材活用」の論を参考にしたい。

当該の教育目標を達成するために、何かの内容と学習者の認識を「教材」という概念で適切に関係付けようとする教師の営為が「教材研究」である。実際の教材研究は、便宜上、教材を実体物に擬《なぞら》え、二つの局面に分けられる。一つは、「教材開発」で、教材を設計し、具体化する局面である。もう一つは、「教材活用」で、教材を実際の授業で使用し、評価・改善する局面である。

この論に基づけば、人権教育の一環として、「語り部」に関する情報を収集・選択し、講師として招聘し講話を聴くという流れだけでは、教材開発と教材活用の入口に立っただけで、教材研究を行ったことにはなっていなかったのである。

3. これまでの人権教育の教材

それでは、人権教育において、これまでどのような教材が研究の対象として取り上げられてきたのか概観しておこう。

(1) 判決文の教材化

まず、人権教育の教材として、行動を管理統制する法律に関する裁判の判決文を取り上げ、その活用について検討を進めてきた先行研究がある。梅野（２００２、14頁）は判決文を「社会的に認められている『善の領域』を、その限度いっぱいに学ぶことのできる格好の教材」と位置付け、自らいじめ問題を取り上げた授業実践を展開した。梅野は、授業記録の分析・考察した結果を公表し、他の研究者に追試を求めている。

梅野によって提唱された判決文の教材化に呼応し、福田（２００７／２００８）がハンセン病・セクシュアルハラスメント、新福（２０１０／２０１２）・福元（２０１０）がハンセン病、山元（２０１４）が慰安婦、白尾・山元（２０１９）が体罰問題を取り上げ実践している。司法の世界で、具体的に論証された判決文を教材化することにより、相対的・客観的に事案を捉え、多様な角度から論じ合う力の育成が図られていると言えよう。

(2) 道徳科との関連

次に、道徳科の教材を用いた先行研究が挙げられる。梅野・蜂須賀（２０２０）は、人権教育と関連した教材の存在を指摘している。河野辺（２０２０／２０２１）も、道徳科の小学校・中学校用検定教科書に掲載されている人権課題に関連のある教材について分析し、ハンセン病回復者を取り上げた読み物教材[20]の掲載を指摘している。さらに内海﨑（２０１８）は、ＬＧＢＴの問題を取り上げ、小中学校における実践事例の分析・考察を行っている。これらの先行研究から、各教科、総合的な学習の時間等と道徳科との関連を図ることの有効性は確かめられるものの、

「語り」等の音声教材の活用またはその可能性について触れられている先行研究は見当たらない。

「語り部」の「語り」を教材として扱い、その活用方法等について吟味する教材研究を行うには、「語り部」と「聴き手」である子どもたちとの出会いを企図する教師の意識変革と行動変容が必要になろう。そして、その際には、「語り」つまり「声」によるコミュニケーションの「非言語 non-verbal」の側面が、「言語 verbal」以上に重要になってくる。第二章では、この「語り部」と「聴き手」のコミュニケーションについて考察していく。

コラム　変遷するいじめの捉え方

時代の流れとともに、いじめの調査基準は、1986（昭和61）年、1994（平成6）年、2006（平成18）年と変遷しています。そして、現在では「いじめ防止対策推進法」の施行に伴い、2013（平成25）年度から次のように正式に定義されています。

「いじめ」とは、「児童生徒に対して、当該児童生徒が在籍する学校に在籍している等当該児童生徒と一定の人的関係のある他の児童生徒が行う心理的又は物理的な影響を与える行為（インターネットを通じて行われるものも含む。）であって、当該行為の対象となった児童生徒が心身の苦痛を感じているもの。」とする。なお、起こった場所は学校の内外を問わない。

大きな変更点として、以下の2点が挙げられます。

①インターネットの普及を踏まえネット上でのいじめが含まれるようになったこと

②「精神的な苦痛」から「心身の苦痛」へと変更になり、いじめと判断される範囲が広くなったこと

いじめの捉え方は、繰り返し見直されてきましたが、いじめがなくなることはなく、社会における喫緊の課題となっています。

20　教材名「だれもが幸せになれる社会を」光村図書（令和2年度版・令和6年度版）5学年　内容項目：公正、公平、社会正義

第二章 「語り部」と「聴き手」のコミュニケーション

第一節　「語り部」と「聴き手」の関係

「語り部」と「聴き手」の関係性を明らかにするために、これまでの人権教育における「語り部」と「聴き手」の在り方について確かめておこう。

1.　「語り部」の在り方

偏見・被差別の過酷な体験を語る「語り部」は、当事者しか知り得ない差別の実態やその悲惨さを赤裸々に語り訴え、「聴き手」側にはそれを次の人に伝えるよう求めてきた。無知・無関心な「聴き手」の意識を覚醒し、ステレオタイプに偏った心を開かせるために、「語り部」は、思い出したくもない被差別の実態や、克服のために費やした人生の日々を、自分の記憶の中から呼び起こしてきた。このことについて、長崎の被爆の「語り部」である山脇[21]は、「(遺体を十分に焼ききれず、灰にまみれた泥人形のような父の姿がよみがえり) 絶句を何度か繰り返すうち、絶句せずに語る方法を覚えた。「聴き手」に視線を合わせず、覚えた通りに一気に話す。胸がいっぱいにならないための『予防線』だった」と新聞のインタビュー（朝日新聞、２００５）に答えている。

また、筆者は、話を始める前に「今日は皆さんに泣いてもらう」と宣言するハンセン病回復者の「語り部」に出会ったことがある。「泣かなければならない」という条件が付され、「語り」に真剣に向き合おうとすると、筆者は「語り部」を直視することができず、うつむき加減の姿勢となった。それどころか会場に同席した我々「聴き手」の中に、居眠りなどをする者が現れれば、さらなる絶望感を「語り部」に与えるのではないか、といたたまれない気持ちになった。

こうなれば、被差別の苦悩を共に生きる仲間は、同等の経験をした者に限定されてしまい、苦悩の経験の有無によって、「語り部」と「聴き手」の両者間に境界が生まれてしまう。被差別の側に立つ「語り部」が、無知・無理解が故に加害者側に立つ「聴き手」に対して、過去の弁済を求めたくなる気持ちが湧き上がってくることも想像できる。

2.「聴き手」の在り方

偏見・差別の実態を受け止める「聴き手」は、「語り部」の想像を絶する過酷な実体験に驚き、言葉を失うことさえある。厳しい現実を受け止め「酷すぎる」、「聴いているだけでも辛くなる」と感じてしまうと、他の人に伝えようとする意欲につなげていくことは難しい。

筆者は、「語り部」活動を行っているハンセン病回復者から「頷きながら耳を傾けていたはずの『聴き手』が、講演終了後『でもねえ…』とささやきながら会場を後にする姿に、一度心に浸み込んだ意識を変えようとする人権啓発の難しさを痛感した」とのエピソード[22]を知らされた。「語り部」の思いは一時的に伝わるものの「聴き手」がそれを受け止め自分の思いとして持ち続け、行動に結び付けるには乗り越えなくてはならない課題がある。それこそ人権教育の「局面C（態度変容・行動）」に至るような課題の解決が要請されている。

3.「語り部」と「聴き手」に関わる先行研究

こうした現実を踏まえると、誰かの「語り」を受け継ぐという「形式」に拘るだけでは不十分である。むしろ「語り部」の本質的な要素、すなわちいかに「語り」の内容を受け継ぎ、よりよい未来を創る力を生み出すかという「質」の問題に踏み込む必要がある。

その先行研究として、「語り部」と「聴き手」の関係を研究の対象とする高野・渥美（２００７）の論考がある。高野・渥美は、「語り部」と「聴き手」の両者の関係を調査分析した結果、震災体験を語り継ぎたい「語り部ボランティア」と防災行動一般を知りたい「聴き手」との対話にはズレがあることを明らかにし、そのズレを「対話の綻び」と称している。そして、その「対話の綻び」は、震災を伝える障害となっているのではなく、「聴き手」に「震災が自分に起こりうるかもしれない」という偶有性を喚起する可能性があると述べている。

さらに、矢守・船木（２００８）の課題は、「語り部」が語ろうとする「震災の語り」と「聴き手」が期待する「防災の語り」の間に生まれるズレをどのように接合するかというものである。矢守・船木は、語り部活動を「内的説得力のある言葉」によって特徴付けられる「ジャンル」へと再編することを主張し、語り部活動は、語り手と聞き手との応答関係、さらに直接の聞き手を越えた広範な人々を応答者とする応答の連鎖へと再編され、課題解消に向けた展望が開かれたとの研究成果を明らかにしている。

これらの論考を踏まえると、「語り継いだ＝受け継いだ」という形式的側面だけに拘り、「戦争反対」、「差別を許さない」等を唱えるだけの実践では、本来「語り部」と「聴き手」の関係を意義のあるものとすることはできないことが分かる。むしろ場合によっては「語り部」と「聴き手」の間の溝を深めてしまう危険性さえ潜んでいる。

向井（２０１２）の「伝える営みの本質は、人の出会いと対話にある。それを支えるのは、怒りや悲しみとして現れる互いの熱意である」という指摘からも分かるように、「語り」のメッセージがどれだけ「聴き手」に伝わっているのか、「聴き手」は何を求めていたか、両者の関係にもっと注意を払うべきであろう。さらに、「語り部」と

「聴き手」の価値ある関係性を人権教育の分野で構築する可能性を追究するために、「語り部」と「聴き手」の声によるコミュニケーションについて検証しよう。

21 山脇佳朗、2022年9月17日逝去。享年88歳。（2022年9月21日、テレビ長崎）

22 2019年11月、全国に13か所ある国立療養所のある療養所において「語り部」活動を行っているハンセン病回復者の発言を筆者が聴取したもの。

第二節 「声」による「語り部」と「聴き手」のコミュニケーション

ここまでは、教材研究での不足が出発点にあることを踏まえ、これまでに果たした「語り部」の役割を整理してきた。本節においては、「語り部」と「聴き手」の間に交わされるコミュニケーションについて確かめた後、学校の人権教育における「声」の果たす役割に注目していこう。

1. コミュニケーションの概念

まず、「語り部」と「聴き手」の関係性を明らかにするために、コミュニケーションの概念を整理しておこう。

コミュニケーション（communication）は外来語であるにもかかわらず、「人間関係を結ぶのにコミュニケーションは欠かせない」等と用いられ、ことさら言葉の定義等を明らかにしなくても通じる日常用語となっている。学問の各領域を概観すると、社会学では後藤（1999、15頁）、通信工学では寺島（2009、9頁）、哲学では柏端（2016／2017、22頁）、コミュニケーション学では池田（2000、22頁）がそれぞれの領域に応じた定義を行い、コミュニケーションは、広範な領域で研究対象とされている。本研究にとって参考となるのが、以下の池田による定義である。

コミュニケーションとは、さまざまなメッセージが交差する接点である自己、そこで生じる現象といえる。自己は常に移り変わっていく周りの世界とかかわりながら、みずからも変化していく。自己とはいわば常に変化するメッセージそのものであるといえる。他者および世界に向かって発せられるメッセージである。（2000、22頁）

なぜこの定義に注目するかと言えば、他の定義では、複数人を対象としてコミュニケーションを意味しているのに対し、池田は、個人に立脚し、他者との交流だけでなく、「自己内対話」のような個人の内なるコミュニケーションが成立することを想定している。そこで本研究においては、人権教育における「語り部と聴き手」、「語り部」、「聴き手」各々において送受信される言語及び非言語によるメッセージを「コミュニケーション」と捉えることとした。

2.　コミュニケーションの分類

コミュニケーションの定義に続き、その分類[23]をコミュニケーションの対象と主体、手段、情報の流れの3観点から整理しておこう。

まず対象による分類として、不特定多数の大衆か、特定の小グループあるいは個人かによって「マス・コミュニケーション」と「パーソナル・コミュニケーション」に分類される。またコミュニケーションの主体に着目し、公的・組織的団体か非組織的な個人を含む小集団であるかによって「フォーマル・コミュニケーション」と「インフォーマル・コミュニケーション」に分けることができる。

次に、コミュニケーションの手段として、言語または非言語であるかによって「バーバル・コミュニケーション」と「ノンバーバル・コミュニケーション」の分類がある。「バーバル・コミュニケーション」の具体例として、「話す」、「メール」、「手紙」など言葉や文字によるものがあり、「ノンバーバル・コミュニケーション」には「声の調子（高低・強弱・緩急）」、「息遣い」を聴き取る、「視線」、「表情」、「身振り手振り」、「動作」、「姿勢」等を見て取る、「絵」、「イラスト」、「映像」、「動画」等から読み解くなどが含まれる。

さらに情報の流れに着目すれば、一方的なものかまたはフィードバックができるかによって、「ワンウェイ・コミュニケーション」と「ツーウェイ・コミュニケーション」とに分けられる。情報等が一方向で伝わっていく「ワンウェイ・コミュニケーション」に対して、相手に問いかける・確認する・相手の意見を聴く等、互いに行き来しながら意思疎通を図ることを「ツーウェイ・コミュニケーション」と称する。

この「ツーウェイ・コミュニケーション」に関連し、「ハンセン病に係る偏見差別の解消のための施策検討会」の報告書（２０２３、１０３頁）には、次のような記述がある。

垂直型の一方的な情報提供だけでは、知識の習得はできても、その知識が内在化され、その人の意識を変えたり、行動を変えたりすることには繋がらない。双方向型の授業等が求められる。（中略）ハンセン病偏見差別の解消の問題を「他人事」ではなく「自分事」だと体感し、自己と当事者の関係を加害者―被害者ではなく、ともに人権を守り合う関係に転換していくことの重要性の共有だということになる。こういった体感には、「当事者の肉声」が欠かせない。

この「双方向型の授業」及び「当事者の肉声」とは、本研究における「ツーウェイ・コミュニケーション」と「語り部」の「語り」がそれにあたり、まさにその重要性を説いている点において本研究と軌を一にするものである。そこで、これ以降は先の分類を踏まえ、児童生徒が「語り部」と出会うことによって生まれるコミュニケーションについて考えていこう。

3. 教材化の実際とコミュニケーション

(1) 「語り部」の「語り」を直接聴く可能性

第一章第二節で確認した「容貌にある障がいのために差別を受けた当事者」、「ハンセン病療養所の入所者」、「北朝鮮当局により拉致された被害者の親族」を「語り部」として招き「語り」を教材化した3事例にコミュニケーションの種類を照らし合わせてみよう。

まず、対象は学校の児童生徒を対象とする「パーソナル・コミュニケーション」であり、学校が招聘した講師が「語り部」となることから「フォーマル・コミュニケーション」と位置付けられる。

3事例に共通する直接の対面という方式は、「ワンウェイ・コミュニケーション」の強化、さらには「ツーウェイ・

コミュニケーション」実現の可能性を高めるものである。まず、「語り部」にとっては「バーバル・コミュニケーション」に加え、「ノンバーバル」の多様な要素を駆使し、「語り部」固有の体験や歴史的事実に関わる知識や情報を「聴き手」に伝え、定着することができるようになる。

対する「聴き手」は、声に出さずとも自身の「視線」、「表情」、「姿勢」等を通して自己内に生まれた想いを「語り部」に送ることにより「ツーウェイ・コミュニケーション」につなげることができる。さらに「語り」の後に質疑や協議等の場を設ければ、「語り部」と「聴き手」の間に「バーバル・コミュニケーション」が生まれ、効果的な「ツーウェイ・コミュニケーション」実現の可能性が高まっていく。

しかし、現実の学校教育の実践状況を振り返ると、「ワンウェイ・コミュニケーション」の強化、そして効果的な「ツーウェイ・コミュニケーション」は、あくまでも机上の論であり、それらが実現されているとは言い難い。その理由は何に起因するのか、以下に考察する。

(2)　教材化の問題点

先程の「語り」を教材化した3事例において指導者が大切にしている共通点は、話を直接聞くという一点であると指摘した（35頁）。実はこの一点を実現すること自体、講師の選定及び連絡調整、事前事後の学習指導など、通常の教育活動にはない多くの手続きとエネルギーを要するのである。それ故、人権教育においては、被差別の当事者を招いた講演会を実現すること自体が成果として評価され、それ以上の改善や工夫等が検討されることなく止まってしまったのである。

だからこそ「語り」の特長を踏まえ教材化し、児童生徒が「聴き手」として「語り部」に向き合う活動の特質、つまり「コミュニケーション」の視点を踏まえた「語り」の姿を明らかにすることに意味がある。そのためにもこれ以降は「語り部」による「語り」のコミュニケーション的特長を明らかにしていこう。

4.「語り部」と「聴き手」の表面的な「ツーウェイ・コミュニケーション」

表面的には「ツーウェイ・コミュニケーション」に見えても、「語り部」と「聴き手」の間には溝が生まれてしまう事例も起きている。筆者は、隔離生活を余儀なくされた、あるハンセン病回復者の「語り部」から、自身の過酷な日常生活を語った後に、小学生から「楽しかったことは何ですか」との質問を受け、「腹が立って仕方がなかった」との「語り部」による声を寄せられたことがある。辛いばかりの隔離生活に楽しいことなどあるはずはなく、なぜ分かりきったことを尋ねるのか不可解で、要は事前学習が不足しているに違いないとの指摘であった。ここでは質疑応答が嚙み合っていないと言える。

一方「聴き手」の子どもはどうなのかと筆者の小学校教員の経験を振り返ると、決して不勉強や不真面目な姿勢で「語り部」に向きあったわけではないと想像できる。

学校では発言が多いことにこそ価値があり、「講演者に対しては質問を行うのが礼儀」といった形式的で誤った認識を教師自身が持っている場合がある。

このことについて、鶴田（1983）は「一般に、教師は、授業における沈黙を無活動の表れとして敬遠、拒否し、一方、発言の多さを自主的、積極的な学習活動の表れとみて、子どもたちに『喋る』教育、『喋らせる』教育を行っていることが多い」と述べている。同様に榊原（2010）も「学級あるいは児童会・生徒会などでの『話し合い活動』に象徴されるように、話をすること、意見を述べることには大きな意義が与えられている。（中略）『進んで説明ができる』『自由な発言が飛び交うクラス』が尊ばれているのである」と学校での日常を指摘している。

先の認識と日常の学校生活における「発言重視」の指導を受けた子どもが「語り部」に向き合うことになれば、他の社会科見学などと同じように事前に用意した質問の答えを「語り部」から引き出そうと考えるのは自然であろう。また、皮肉なことに事前指導が徹底すればするほど、それが「語り部」の「語り」の内容とはかけ離れたものであっても、児童の意識は「質問すること」に集中し、聴くことは二の次となる。事例にあるように「語り部」の中には不信感を抱く方が存在するのも無理のないことである。

こうした事例を踏まえると、誰かの「語り」をただ聞くという形態に拘るだけでは不十分である。「語り部」が話している間は、「聴き手」は言葉を発しない。つまり、自分の心の声を言葉に換えて外に発しているわけではない。だからこそ、「語り部」は、「聴き手」の声なき声や内面の変化を察知しようと努力することが求められる。

このように「聴き部」（語り部をもじった筆者の造語[24]）でもある「語り部」と、その場にいる「聴き手」の間には、一定のコミュニケーションが成立していると考えるからである。

5. 「声」の意義と特質

さて、「語り部」の「語り」を論じるときに避けて通れないのが「声」の意義と特質を明らかにすることである。「文字」を核にする学校の教育は「定型的」で、それに対して「語り部」の「語り」は「声」を核とする「不定型的」な教育として位置付けられるから、見落とされてきたに違いない。

このように現代では非常に優位な位置を占めている「文字の文化」に対して、「声の文化」が文字に先立つ歴史を持つと主張し、「声の文化」の特質を解き明かしたW．J．オング（1991）は、教会の礼拝を例に取り、言葉とは声であると次のように論じた。

聖書は礼拝において高らかに読み上げられる。なぜなら、神は人間に『語りかける』ものであり、けっして人間に文字を書きおくるものとは考えられていないからである（158頁）。活字に深く毒されている人びとは、ことばとは、先ず第一に声であり、できごとであり、それゆえ必然的に力によって生み出されるものだ、ということを忘れている（75頁）。

また、J.V.ワーチ（1995）が、「声はあらゆるものに先行している。というのは、発話は声によってのみつくりだされることが可能だからである」（74頁）と述べ、声が持つ力がいかに優位なものであるかを指摘している。現代の「語り部」は、一定の体験やそれにまつわる知識、さらに主義主張を肉声で伝えるという特長を持つだけに、その「語り」が果たす教育機能はもっと探究されるべきなのに、教育研究はそれを疎かにしてきたのである。この点については、R.J.リフトンが主張するサバイバーに関わる論考が参考になる。高原（2016）は「リフトンの研究を貫く基本的な姿勢、すなわちサバイバーの存在を尊重し、その声から智慧を得ようという姿勢が、日本の社会や学術文化において弱かったために、かれの思想が包括的に受容されてこなかった」（63頁）と我が国における「声」延いては「語り部」研究の脆弱性を指摘している。

それでも少ないながら、日本の文学者や心理学者も、童謡やわらべうた、詩や絵本の読み聞かせなどを通して声によるコミュニケーションがいかに重要であるかを論じ、「声」について以下の①〜③の特質を指摘した（河合・他2019）論考もある。

①　声は、言葉や文字以前の原初的なコミュニケーション手段である。
②　身体全体の動きに直接関わり、「感情・情緒（情動）」に響き合う。

③　声を通したコミュニケーションはそれを聞く人々を結束させる（「号令」のように）。つまり「声」によるコミュニケーションは、「言語 verbal」以上に、「非言語 non-verbal」の側面（発声の強弱、高低、速度、抑揚、明暗、表情・身ぶりを伴う等）が重要な側面となる。記憶の社会的形成を研究の対象としたP.コナトンは、根本的な重要性を備えた伝達行為として記念式典と身体の実践を例に取り、記憶の伝承が言葉以上に身体の動きによってもたらされることを次のように指摘している。

非公式に語られる口承の歴史的産物は、人間行動の日常的描写のための基本的活動であり、かつ、あらゆる社会の記憶の特質だといえるからである。だが、わたしはとりわけ記念式典と身体の実践にこだわってきた。なぜなら、この二つについての研究こそが、私の信じるところでは、過去のイメージと過去について回想された知識のイメージが（多かれ少なかれ儀礼的な）パフォーマンスによって伝達され、維持されるとわれわれに教えてくれるからである。（2011、69頁）

従って、受苦という耐えがたい体験が伝わるには、「聴き手」との間に「感情・情緒（情動）に響き合う」ように、身体的に向き合って互いに呼吸が合うことが必要だとすれば、この「非言語」によるコミュニケーションは重要である。「聴き手」の立場から言えば、「語り部」を理解できるのは、その想いに触れ、それを受け入れることで自分の内部で何かが変わって、これまでの自分と違った自分を感じられるようになることである。このプロセスが「聴き手」に及ぼす「語り」の作用である（河合・鷲田2010、192―193頁）。こうして、人を内面から変えるのが、「非言語」の側面を具備した「声による語り」が持つ教育力だと言ってよいだろう。

6. 教育における「文字」・「声」と人権学習の課題

日本で教育の主要な媒介言語は言うまでもなく、話し「声」に対比される「文字」である。学校教育では表語文字である漢字が核であり、「読み書き」中心の教育に傾斜している（添田２０１９、第六章）。それだけに改めて問い直すべき点は、学校教育の場で「人権学習」を進める際に、媒介言語としての「文字」と「声」の違いに改めて注目することである。

人権学習推進のために「語り部」から学ぶべき要素とは何だろうか。現代「語り部」の証言のほとんどは、人種・民族・国籍・性別・職業などにかかわらず、全ての人間に備わる「基本的人権」が侵害された体験である。従って、その「語り」に通底するのは人権の尊さであり、いかに侵されたかの「歴史的事実」であり、侵害を二度と繰り返してはならないという教訓である。それらを学ぶ人権学習の必要性は「定型的」な学校教育のなかで広く共有されているとはいえ、具体的な方法としては、人々の表層的な「意識」レベルの変化をもたらす「文字」中心の「知識」学習に止まりやすい。もちろん知育も必要ではあるが、表面的・形式的な知識注入に止まっていたのでは、それ以上の発展は望めない。つまり、身に付けた知識を基に「意識下」ともいうべき心の深層からの変革は実現しにくい。だからこそここで「語り部」の「語り」の意義が浮上する。

ただ、ここで問われてくるのが「語り部」が語るのは果たして「歴史的事実」であるか、という点である。確かに、その「語り」は体験の記憶や心象といった「主観的」部分が大きいであろうから、「客観的」な史料で立証される歴史事実（日時・場所・天候・関係者・国家政策との関連など）から外れている部分があるかもしれない。ただし、再確認したいのは、歴史は全て客観的な証拠史料によって構成されるわけではないということである。それに歴史事実といってもいくつかの説があって明確ではない場合もある。異なる証拠史料の存在が後に発見されることもある。それに歴史をいかなるものとして眺めるか、どのように受け止めて、いかに解釈して評価するかという「歴史認識」のレベルになると、歴史に生きる人々の「主観的」な体験を見落とすわけにはいかない。しかも個人的な体験が、客観的な史料では欠落している側面を補う場合さえある。

その一例として、黒坂（２０１５、４２２頁）が取り上げた、附属保育所で過ごしてきた〝幻の語り手〟の「語り」がある。実は、〝幻の語り手〟から語られる内容と、ほぼ同時期に当該の保育所で勤務していた寮母の認識には違いがある。当事者である〝幻の語り手〟は、保育所には明らかな「いじめ」があり、それを教師までもが追認する事実があったと証言しているにもかかわらず、寮母は「子どもらは楽しく通学している」との「現実」を記録に残しているという。黒坂は、「寮母」でありながら、差別の側に立つ者の認識のみで歴史が紡がれることの危険性を指摘しているのである。

このような実態があるからこそ、「語り部」の体験の内容に向けられていた意識を変え、「語る」肉声の表現方法については注目する必要がある。何よりも「語り部の役割は、過去の事実そのものを伝えること以上に、それを一人称で語る力」（川松、２０１８）にこそ注目したい。

要するに、「語り部」の「語り」の意義は、歴史に生きた人々の体験に基づく歴史認識を強く示している点にある。客観的な史実に合っているかどうかを問うよりも、様々な受苦により人権侵害を受けた犠牲者の体験に耳を傾け、どのような「歴史認識」を共に構築していくのかを問い続けることが重要であろう。

以上のような議論を図示したのが**図２‐１**（口絵）である。X「語り」の歴史とZ「文字史料」の歴史とは部分的に重なっているが、主観的な性質の強いXと客観的なZとは基本的にレベルを異にしている。歴史とはZであるという立場からはXに関心を向けないのかもしれない。しかし、Xに注目する意義は、主観的な要素が強いとは言え、人々が描く歴史像を示し、「歴史事実」という側面に止まらず、より広い「歴史認識」（X＋Y＋Z）形成の重要な一環を成す点にある。「語り部」の「語り」は、このXに位置付くと考えられ、「声」の力によって「聴き手」の情動に働きかけ、心の内面からの「歴史認識」を育む契機となり得ると言えよう。そうした側面が人権学習にとって不可欠だと考えられる。

23　新井芳子（2001）「コミュニケーション能力の向上を目指して一討論会を通してその可能性を探る—」『世界の日本語教育』11、1—16。

24　口承文芸学の研究者である野村（2008、5頁）は、「『語り手』を訪ね『聴き手』として魂のふれあう人間関係なしに、昔話の研究は成し得ない」と述べ、聴き手を『聴き耳』と称している。このような野村の発想を参考に、「聴くこと」を重視する本研究においても、聴く力を兼ね備えた「語り部」の別称として「聴き部」を造語した。

第三節　コミュニケーションとしての「沈黙」

ここまで、「語り部」と「聴き手」が出会う時に生まれるコミュニケーションの持つ価値に着目し、感情・情緒（情動）に響き合う「声」の持つ働きを確かめてきた。本節においては、コミュニケーションのもう一つの重要な様態である「沈黙」を取り上げよう。

生活の中で耳にする様々な音は、物理的な現象つまり音源が起こした空気の振動である。「沈黙」は無音の状態であるから「声」としての力は機能せず、コミュニケーションからは縁遠いものと捉える向きもあろう。ところが「沈黙」は空気を震わす以上の力をもって、人の心を揺り動かすことができる。「無音」と「沈黙」は異なるものである。

M.ピカート（1964、9頁）は、沈黙とは「決して消極的なものではない。沈黙とは単に『語らざること』ではない。沈黙は一つの積極的なもの、一つの充実した世界として独立自存しているもの」と位置付けている。さらにO.F.ボルノー（1969、102頁）は、人間を「沈黙」させる理由には多様なものがあると指摘し、隠蔽、軽蔑、寡言、当惑、驚異の沈黙、そして「畏敬の念にみちた沈黙」を挙げている。

ボルノーが指摘するどの「沈黙」を取っても、自分自身を含む人と人との関係性の中でこそ「沈黙」は生まれるものであり、コミュニケーションの力を持つ存在だからこそ「沈黙」は可能となる。「沈黙」が持つ力が如何なるものであるかを明らかにし、それらを生かした人権教育の在り方を模索していこう。

1.　価値ある静寂「沈黙」に関わる先行研究

先述の通り学校教育においては、これまで教科や場面を問わず、発言すること・活動的であることに価値を求めてきた傾向があることは否めない。実際、授業中の発言の回数が多ければ多いほど、関心・意欲・態度の評価が高くなるといった短絡的で不適切な実態も散見されてきた。

そこで、注目すべきは、里見（2000）の「私語の絶えない『騒々しい授業』と淀んだ沈黙につつまれた授業とは、同じメダルの両面だ」との指摘である。「同じメダルの両面」という一見、理解し難いこの言葉も、児童生徒の前に立つ経験を持つ者ならば、実際の場面を具体的に思い描くことは容易であろう。

表面的には静寂が続いていても、学習者の不安や不満、諦念に満ちた授業が、「這い回る経験主義[25]」を想起させるような授業と、表裏一体の関係にあると評されることは甘受しよう。しかし一方では、学習者一人ひとりの沈黙が一体となり、「価値ある静寂」で満ち溢れた教室に、今自身が教師として存在することの有難さ・尊さに感極まる経験もあるのではないだろうか。

河野（1995、88頁）は、「沈黙」には絶対的な意味があり「不可視性、不可測性、非解釈性、非固定性、非論理性の宝庫と言えるような、得体の知れぬ力さえある」と評価している。また、﨑川（2020、216頁）は、グリーフケア[26]の視点から「沈黙とは、決して単なる『無言』と同じものではない。それは何事もなく流れる時間のなかに、何か『別の世界』が介入してくる出来事である。それを『他者に出会うこと』だと言い換えてもよい。何かがそこで語りかけられ、問いかけられるとき、私たちは、みずからの言葉を留保して、その声に耳を傾ける。そこに『沈黙』が生まれる」と述べている。さらに﨑川は「『充実した沈黙』は、やがて新たな実りを生むだろう。それは『語ること』でなくともよい。（中略）つまり、それらは『言葉』以上にその人が身をもって生きる人生の『すがた』へと実ってゆくのである」（2020、221―222頁）と「沈黙」が言葉以上の創造力を持ち合わせていることを指摘している。

さらに、若松（2021、155頁）は、祈りと「沈黙」の関係性について注目し、「沈黙」が深まることにより今までの自分とは異なる、また自分自身が会ったことのない「未知なる自分自身とさえも出会い直す」可能性があると語っている。同様の視点で里見（2000）も「『学ぶ』という行為には、黙って学ぶ、という一面がふくまれている。『もの』や『こと』との対話の深まりによって研ぎ澄まされる沈黙。その沈黙のなかで、私たちは事物と出会い、書物の行間に埋もれた人類の記憶を呼び起す」と述べている。

先行研究の最後に、改めてO．F．ボルノー（1966、106頁）が教育的な視点において重要なものとなる沈黙のうち、子ども及び教育者の側においても注目されるべき「畏敬の沈黙」についての一説を以下に紹介する。この文章を通して「畏敬の沈黙」が、教師に求められる専門性の一つであると理解できるからである。

> 教育者の側においても畏敬の沈黙が注目される。それは尊敬すべきもの、崇高なものに直面したとき教育者をおそう沈黙である。教師は、たえず教授という状況によって、子どもたちに究極のことがらについて話さざるをえなくされているのであるから。このような能力をもっていなくてはならないのである。かれはこの場合に饒舌となっても、また感情的となってもいけない。かれ自らの心胸において、究極的なものを言い表すことに対して、定められている限界をいつでも経験しなくてはならない。この沈黙はもはや子どもに対しての沈黙ではなくて、子どもを眼前にしての、いわば絶対的な沈黙であり、自分の沈黙のなかへと子どもを引き入れ、声を飲むことがどんなことかを子どもに体験させ、そうして尊敬すべきものに打たれると言うことを経験させる沈黙である。（中略）この深い沈黙は、もちろん「深い印象を口にしてそこないたくない」という口実のもとに、言葉を使いこなすだけの努力を免れようとする、あの安逸さと混同されてはならない。

2.「沈黙」を取り入れた学習活動

「語り」の力と「沈黙」の持つ力に着目し、「語り部」の「語り」の力と「沈黙」のある学習を組み合わせることにより、人権教育実践の新たな一面を見出していこう。

河野（１９９５、２４２頁）は、「沈黙」が空疎な間隙として、そこに参加している者たちを不安と空虚に陥れるのが「おしゃべり」であり、「沈黙」が意味の充満した言語以上の存在感を伴って、参加している者たちを人格的な結びつきに導くのが「対話」であると定義している。さらに河野は、この定義を踏まえ「授業が『おしゃべり』に侵略されるか『対話』で満たされるかに分岐する要因は、『沈黙の世界』をどのようにつくりだすかに帰着する」（１９９５、２４３頁）と述べている。

また、若松は、「沈黙するときだけ聞くことのできる声がある。そのとき人は、鼓膜を動かす音ではなく、無音の響きをもって胸に迫ってくる声に出会うのである」、「人は、書いているときに自分で読んでいる。書くとは、自分の心との自分の心の奥、古人が『魂』と呼んだ場所とのコトバの往復運動を体感することにほかならない。人は誰も、他者のために書くという動機のもとに書き始め、ついには己の心の深みにあるものと出会うのではないだろうか」（２０２１、１６０頁）と問いかけている。

さらに河野は「沈黙で構成されているのが『書く言葉』である。『書く言葉』は、沈黙した状態のなかで更に沈黙を生み出すのである。まさしく沈黙の発言形態を『書く言葉』のなかに見出すことができる」（１９９５、93頁）と述べている。

これらの先行研究を踏まえて、人権教育に関わる新たな学習の創造に向け、次の5点を提案しよう。

①　「語り」の直後に性急に反応を求めることは行わない。

②　一人ひとりが自分の心に向き合うことができるよう物理的な環境（一定程度の時間と静謐な場）を整える。

③　「沈黙」の時間帯をさらに拡充し「書く活動」を取り入れる。

④　支援や助力を求めている児童生徒を教師が見出し個別に対応する。

⑤　教師の責任で、「価値ある静寂」が成熟した時機を察知し、静謐な環境を保持しつつ児童生徒間で交流する機会を設定する。

「沈黙」の中に取り入れた「書く活動」は、「無音の響きをもって胸に迫ってくる声」を形あるものへと変えていく。心に迫りくるのは「語り部」の声であり、それに触発された自分の声が呼び起こされるのである。これまでの自分と今の自分、そして未来の自分との対話、これらを総称する「自己内対話」を行うことにより、表面的・文字的・ステレオタイプ的に流れがちな人権教育の取組を克服する見通しが生まれよう。

これまでにも、人権教育はともすれば「知育」に流れやすく、「偏見や差別を許さない」、「思いやりを大切にしよう」といった、誰もが正しいと考え、どの実践にも当てはまる発言や感想の交流に終始する傾向があるとの指摘を行ってきた。

このような学習から脱却し、当事者の声を介した「語り」を通して生み出された学習者一人ひとりの「沈黙」の集積によって創り出された「価値ある静寂」の中で、「情動」面までに深く関わる「言葉以前」の変容を促すことが重要な課題である。

3. 二人の例に見る「語り部」と「沈黙」との関わり

(1)「沈黙」を破る「語り部」

ここで取り上げるのは「沈黙」に関わる二人の「語り部」の姿である。一人は、敢えて語らない、または語ろうとしなかった時期がある「語り部」、そして、もう一人は、語ることのない「語り部」の存在である。

本章第一節で取り上げた山脇は、敢えて語らない、または語ろうとしなかった時期がある「語り部」である。山脇は、2010年には外務省の「非核特使」として渡英し、2019年の長崎原爆犠牲者慰霊平和祈念式典において、定年後に独学で身に付けた英語を交え「平和への誓い」を世界に向けて発信している「語り部」である。

このような経歴を持つ「語り部」であっても、その活動を開始したのは、原爆投下から半世紀が経とうとした1994年のことであった。語る体験は持っていても、それを妻や母親にさえ語ることのできない時間が続き、その語れない苦悩を山脇は自らの著書に綴っている。

仏壇に手を合わせ線香を立てることで、何で母の傷を癒せよう、深い傷痕が母の心にあるとすれば、オレにだって深い傷が残っている。（2013、130頁）

山脇は、生活の支柱である夫を失い消失感に駆られ苦しむ母親に、見聞するに堪えない「灰にまみれた泥人形のような父親の最期の姿」を敢えて伝えないことを心に誓っていたのである。この呪縛ともいえる誓いが解けるまで、山脇の沈黙は続いていたのであろう。

(2)　「沈黙」を守り続ける「語り部」

本章第二節において、確かな歴史認識を明らかにするには、直接の体験者の「語り」に耳を傾け、得られる知見に価値を見出すことを説いてきた。ここでは、さらに「沈黙」を守り続ける「語り部」の存在にも目を向ける必要があることを伝えたい。

実は、筆者には、語らない被爆者であるにもかかわらず、敢えて子どもたちに向き合ってくださった「語り部」

との出会いがある。「語れない」、「語りたくない」過去がありながら、子どもたちの前に現れてくださったことに敬意を表しつつ、その方を「沈黙の語り部」と称したい。

この「沈黙の語り部」との出会いは、A市の2019年度「子ども被爆地派遣事業（長崎）」に筆者が同行[27]した際に生まれた。派遣事業の対象である中学生は、事前の学習として、東京在住の「語り部」による講話、資料を用いた調べ学習に取り組んできた。東京での学びを原体験とし、現地での原爆資料館等の見学を経て、「恵の丘長崎原爆ホーム[28]」の入所者との面談に至ったのである。入所者と直接対面し、声の調子や息遣い、視線や表情から多くを感じ取り、「聴き手」である中学生は、筆者を含む大人たちが想像する以上の学びを得ていることが、後日明らかになった。報告書に掲載された中学生の文章の一部を以下に紹介する。

長崎の原爆ホームに行き、被爆した方々のお話をお聞きしました。（中略）「戦争のお話をするのは、辛くないのですか?」という問いに対して「いやだけどいやとか関係なく伝えていかないといけないでしょ。」とBさんはおっしゃっていました。一方、Cさんは、「戦争なんて一生思い出したくない。」とおっしゃいました。Cさんは、最後まで戦争に関することを一度も話しませんでした。それでも、戦争を絶対に繰り返してはいけないという強い思いで、参加してくださったのだと思います。（中略）被爆者の中には、本当は戦争も原爆も思い出したくない人がいることを初めて実感しました。被爆した人なら、誰でも原爆について話してくれると思っていました。しかし、私が思っていたよりも原爆や戦争の体験は、とても重いものでした。被爆者でも話せない人、話したくない人がいます。だから私達は被爆者から聞いたり学んだりしたことを、後世へ伝えていきたいと思います。（A市、2020）

右の文章を記した生徒は、語ろうとしない「語り部」と出会い、「語り」の中には「無言の語り」があると身をもって学んだ。筆者にとっても、教師として「言葉を発し続ける生活」を振り返るとともに、言葉に依拠した自身の在り方生き方を自戒する機会となったのである。

コラム

道徳科授業の終末―饒舌か沈黙か―

道徳的価値の自覚という視点においては、教師と児童生徒の間に指導する側とされる側の関係はありません。場面や状況、目指す価値によっては、子どもたちが教師より優れた道徳性を持っていることもあるからです。限られた1単位時間の授業において、どのような切り口で、価値について語り合い自らの心に問いかけるのか導いていくのが、教師の果たす役割です。

道徳科授業の学習指導過程において「終末」は、ねらいの根底にある道徳的価値に対する思いや考えをまとめたり、道徳的価値を実現することのよさや難しさなどを確認したりして、今後の発展につなぐ段階です。その際に、自分の気持ちを書き表し発表する活動、つまり「饒舌」を求める指導観を転換する必要があります。終末において、意味のある「沈黙」を意図的に創り出し、自分の心が揺れ動く繊細な変化に密かに気付く経験を子どもたちと共に味わいたいものです。

25　生活経験を重視するあまり断片的な学習に終始し、活動という手段が目的化され、活動主義に陥りがちなどの批判や反省を比喩的に言い表した言葉。
26　﨑川はグリーフケアを「悲嘆のさなかにある〈ひと〉を支える営み」と定義している。
27　A市は非核平和都市宣言に則り、次世代への平和継承の取組として「子ども被爆地（長崎）派遣事業」を実施している。２０１９年度は、８月８日～10日にA市内の中学生を長崎に派遣した。筆者を含む大学教員２名・学生２名がこの事業を支援する立場で同行した。

28 社会福祉法人「純心聖母会」は、同修道会の初代会長であり学校法人純心学園の初代学園長の江角ヤスにより創立された。戦時中、学園の疎開地であった丘一帯を「恵の丘」と名付け、そこに「恵の丘長崎原爆ホーム」を設立し、被爆・死亡した教え子の保護者を「原爆孤老」として受け入れていた。

第三章

ハンセン病回復者の「語り」とその教材化

第一節　ハンセン病回復者の「語り」

1. ハンセン病回復者「語り部」の現状

「語り部」の高齢化が進むなかで、「語り部」の育成及び「語り」の継承は喫緊の課題である。既に、ハンセン病の「語り部」の状況については、２０１８年11月の時点で、全国に14か所あるハンセン病療養所等において46名の「語り部」が存在しているとの報道[29]があった。それ以降、４年が経過し、ハンセン病回復者による「語り部」の状況はどのようになっているのかを明らかにするために、各園等に電話でその状況の聞き取りを行った。その結果をまとめたのが**表３－１**である。

予想はしていたものの、４年前の46人から現在は13～15人という急激な減少に問題の深刻さを改めて認識した。特に、聞き取りの際の各園担当者とのやり取りから、現状に至った理由として、「語り部」の高齢化はもちろんのこと、ここ数年のコロナ禍により外部者との交流が途絶え、「語り」の機会が物理的に減っている傾向が明らかになった。「語り部」の中には、その理由は定かでないものの、「語り」そのものへの意欲を失っている方もいらっしゃるとのことである。ハンセン病回復者の「語り部」を取り巻く状況がより厳しくなっていることが数値の上でも明らかになった。減少傾向に歯止めをかけるためにも、実効性のある方策を講じなければならない。

本章では、ハンセン病回復者の「語り部」に焦点を当て、その「語り」の実際を明らかにしていく。中でも資料館における「語り部活動」については、同資料館の学芸員である大高（２０１７）が、「語り部活動」を「普及啓発活動の大きな柱」と位置付け、佐川・平沢の両者を「ハンセン病問題の啓発に大きな役割を果たした」と評価し

表3-1　ハンセン病療養所等で活動する「語り部」の数

№.	療養所等名	都県	2018年の人数※1	2022年の人数※2
1	松岡保養園	青森	1	不明
2	東北新生園	宮城	1	1
3	栗生楽泉園	群馬	2	0
4	多磨全生園	東京	4	0
5	駿河療養所	静岡	1	1
6	長島愛生園	岡山	6	2
7	邑久光明園	岡山	5	2
8	大島青松園	香川	9	2
9	菊池恵楓園	熊本	2	0
10	星塚敬愛園	鹿児島	5	1～2
11	奄美和光園	鹿児島	0	0
12	沖縄愛楽園	沖縄	2	1～2※3
13	宮古南静園	沖縄	3	2
14	神山復生病院	静岡	1	1
	退所者		4	—
	合計		46	13～15

※1：2018年3月末現在。ハンセン病市民学会の調査を基に毎日新聞が作成した数値。
※2：2022年10月11日、神山・江藤による電話の聞き取りにより明らかになった数値。
※3：2022年10月に改選予定。新自治会長が「語り部」の役割を担う可能性があるため。

ている。しかし、**表3-1**において全生園の「語り部」の数は、「0」との情報を得た。序章第二節でも述べたとおり佐川は他界し、1927年生まれの平沢も往時のような「語り部」活動は望めなくなっているという状況を数値が物語っている。

このように厳しい結果が明らかになったが、幸いなことに佐川・平沢の「語り」については、資料館のYouTubeに動画が残されている。第一節では二人の「語り」を分析し、その「語り」の特長と「語り」の持つ力について明らかにしていこう。

2. 分析の対象

資料館のYouTubeには、佐川、平沢の「語り部」活動の実際が複数公開されている。両者の「語り」を検討するために、同時期に行われた講演のうち、中学生に向けた以下の(1)・(2)の「語り」を分析の対象とした。

(1) 佐川：２０１０年12月16日の35分間の講演

(2) 平沢：２０１０年３月12日の30分間の講演

ただし、資料館のYouTubeに公開されている動画には、それぞれの「語り」の途中に、その当時の全生園の状況や社会情勢等についての補足文章（以下「補足文」と略記）が織り込まれている。なお、巻末の**資料Ⅰ－１**と**資料Ⅰ－２**には、補足文を含む全文を掲載した。

3. 分析方法

佐川、平沢両氏の「語り」の特長を明らかにすることを目的に、まず「語り」の速さを明らかにするために、「語り」１分当たりの文字数を算出した。次に、KH Coderによる計量テキストを用いて、当人から発せられた言葉を対象に分析し、頻出語上位15を明らかにした。

4. 分析結果

(1)「語り」の速さ及び頻出語上位15

佐川の「語り」全体は、35分間で１１、７８７文字、１分当たり約３３６字である。平沢の「語り」全体は、30分間で５、８４６文字で、１分当たり約１９４字である。

(2) 上位頻出語

KH Coder による頻出語上位15を明らかにした。佐川は表3－2（口絵）、平沢は表3－3（口絵）のとおりである。

5. 考察

(1) 佐川の「語り」 資料Ⅰ－1（184－201頁）

一般にプレゼンテーション等を行う場合の1分間当たりの文字数は、300字と言われており、佐川の1分間当たり336字は、やや速めの語り口となっている。限られた時間の中で「伝えたい事実」を数多く持っている佐川ならではのものと言えよう。

だからこそ、佐川は「語り」の冒頭に「聴き手」に対して「皆さんはハンセン病のことをどの程度ご存知ですか」と問いかけ、「聴き手」の問題意識を引き出している。さらに「この歴史（佐川の「語り」）を聞くことによって理解が一層深まる」と、自身の「語り」が歴史中心であり、「聴き手」が自身の歴史観と照らし合わせながら佐川の「語り」を聴くことに価値があるとの意義付けを行っている。

その後は、ハンセン病に関わる過去の歴史を紐解きながら、全生園の内外で発生した事件、国や裁判の動向等、今日に至るまでのハンセン病に関わる歴史的事実を伝えている。特筆すべきは、佐川の個人的な情報や私情を挟むことなく歴史的・客観的な事実が語られる点にある。この佐川独特の「語り」のスタイルが、頻出語の「年：39回」、「昭和：18回」、「当時・日本：13回」にも表れている。

そして、佐川個人の見解が示されるのは、最終盤に入ってからである。ハンセン病に関わる間違った偏見や差別が生まれた原因を「国の愚策、医者の怠慢、国民の無知」にあると断じている。その上で、聴き手である中学生には、次の3点を伝えている。

・物事は自分で確かめて、正しく判断し、偏見や差別をおこさない
・全生園が残るように応援し、全生園に遊びに来てほしい
・世界のハンセン病患者、障がい者、高齢者、難病の人等に対して偏見差別をおこさず、優しい思いやりの心を持って接してほしい

佐川が中学生に望む「偏見や差別をすることなく思いやりの心を持つ」とは、「人権教育の3つの局面ＡＢＣ」に当てはめて考えると局面Ａが該当するであろう。歴史的な事実に裏打ちされた局面Ａは、その時々の状況に影響を受けながら内面的に揺れ動くことはあっても、今後の生徒の学びを下支えしていく礎となるであろう。

(2)　平沢の「語り」　**資料Ⅰ－2**（202－211頁）

佐川の1分間当たり「336文字」とは対照的に、平沢の「語り」は、1分間当たり「194文字」である。一般的なプレゼンテーションの1分間当たりの文字数300の約三分の二となっている。とはいえ、平沢の語り口は、押し並べてゆったりとしているわけではない。むしろ「ノンバーバル・コミュニケーション」の手法である緩急や抑揚を駆使し、要所に「間」を持たせた語り口で「聴き手」を惹きつけている。このような平沢ならではの「語り口」が結果として、1分間当たり「194文字」に表れていると言えよう。

平沢の「語り」の内容は〈全生園への入院〉を契機に変化する。入院前は、歴史的事実が時間経過と共に粛々と語られている。しかし入院以降は、当事者である平沢の視点から捉えた療養所での生活が生々しく語られる。入院時の改名、園内でのいじめ、母親からの支援・援助の実態をエピソードとしてまとめ伝えているのである。

例えば、戦時中、栄養失調で人が次々亡くなる中で「濡れたタオルをくわえて」ひもじさに耐えたくだりなどは、平沢の言うとおり、今の私たちが理解することは難しいかもしれない。しかし、平沢の「語り」から、その時の切迫した状況を感じ取ることは可能である。

頻出語に「お母さん：9回」「生きる：7回」「お父さん：6回」が挙がっていることからも分かるように、平沢の「語り」には、今の私たちにも通じる家族の存在や、生活感が漂っている。だからこそ「聴き手」の共感を呼び起こすのであろう。

さらに、平沢の「語り」には、平沢自身の「非正義」が含まれている点に特色がある。戦後の混乱の中での無賃乗車や闇市でのケンカなどが包み隠さず伝えられる「語り」に、「聴き手」は平沢の人間味を感じ取るであろう。さらには、被差別の体験を持つ平沢であっても、結核患者や障がい者に対するマイナスイメージを抱くことがあるという事実に、「聴き手」はまず驚きを感じ、やがてそれは共感へと変化していくだろう。

平沢は自身に向けて「私は誰も差別していなかったか」の一言を問いかけている。共感的に平沢の「語り」を受け止めれば、その一言が「聴き手」に伝わると、平沢の意図とは関係なく「あなたは誰も差別していなかったか」という言葉に置き換わり、「聴き手」の心中で響き渡る言葉になるものと筆者は解釈している。

終盤で、平沢が地球の宝物である次世代の若い中学生に求めることとして、以下の2点を挙げている。

・幸せや喜びは、自分で作るもので、人から与えられるものではない
・自らの命を絶つようなことは絶対にあってはならない

この2点を敢えて「人権教育の3つの局面ＡＢＣ」に当てはめるのであれば、局面Ｂに該当しよう。「自分自身で幸せや喜びを創造する」という人生の命題にも当たるような中学生への問いかけは、偏見や差別の問題ではない

ものの、「自分事としてとらえ、課題に向き合う」局面Bに合致するものであろう。

(3)　佐川と平沢の「語り」の比較

佐川・平沢は、どちらも全生園入所者自治会会長の経験者であり、ハンセン病回復者の「語り部」という共通点がある。両氏は、ハンセン病療養所への入所と同時に一般社会と遮断されながらも、自治会会長を務めるまでの経歴を積み重ねている。特に「語り部」として自ら人との出会いを求め、自身の体験を広く社会に発信する役割を果たしてきた。そして両者の「語り」の性格は異なるが、人権教育にとっては共に重要な「語り部」の典型である。

二人に共通するこの状況は、高原（２０１６、69頁）の指摘によれば「外傷が完全に治癒して跡形もなく消えることではなく、サバイバーが自身の体験を言語化し、社会的関係の中で意味を見出し、自身の人生の物語へ統合する不断の過程」の「回復（精神的再形成）」の段階に至っていると考えられる。第二章二節で取り上げたR．J．リフトンの定義を当てはめるならば、佐川と平沢をはじめとするハンセン病回復者の「語り部」とは「社会的サバイバー」と称することができる。このように二人に共通する背景が、頻出語上位の「人」、「ハンセン病」に表れていると言えよう。

しかし、一方でそれぞれの「語り」の詳細を検討していくと、その内容は「人によって異なる」ものであった。佐川は歴史的な事実を、平沢は自身の実体験に基づく生き方を語っている。この「人によって異なる」のは、全ての事柄に通ずる自明の理であるにもかかわらず、「語り部」を招聘する際には、それを考慮しようとはせず、むしろどのような「語り部」であろうとも同じ対応を行ってきたのが、これまでの人権教育であろう。

佐川と平沢を同時に取り上げ考察することにより、一人ひとりの「語り部」及びその「語り」の特長を把握し、指導に生かす必然性と重要性を確かめることができた。

(4)　人権教育における「語り」の具体的な活用法

それでは、両者の「語り」を人権教育にどのように生かすことができるだろうか。実践的に考えてみよう。

①　人権教育を通じて育てたい資質・能力

人権教育の具体的な指針である〔第三次とりまとめ〕には、**図3-1**(80頁)の「人権教育を通じて育てたい資質・能力」が参考資料として掲出されている。この「人権教育を通じて育てたい資質・能力」には「知識的側面」・「価値的・態度的側面」・「技能的側面」の3側面があり、それぞれに具体例が示されている。この3側面からなる資質能力と佐川・平沢の「語り」の特色を照らし合わせてみよう。

まず、佐川の「語り」の特色が「ハンセン病に関わる歴史的・客観的な事実が語られる」点であることを踏まえると、佐川の「語り」は、**図3-1**における「知識的側面」の「人権の発展・人権侵害等に関する歴史や現状に関する知識」に関わりが深い。また、平沢の「語り」にも佐川と同様、歴史的事実が時間経過と共に語られていることから、佐川と同様「知識的側面」の「人権の発展・人権侵害等に関する歴史や現状に関する知識」に関わりがある。さらに平沢は、「私は誰も差別していなかったか」(208頁)という人生の命題とも言える問いかけを自らに課している。これこそが平沢の「語り」の特長と言えよう。このような平沢の「語り」を教材化すれば、**図3-1**における「価値的・態度的側面」の「正義、自由、平等などの実現という理想に向かって活動しようとする意欲や態度」、「人権の観点から自己自身の行為に責任を負う意志や態度」に関わる資質能力の育成に資することができよう。

ここからは、本研究における仮説「人権教育3つの局面ABC」(口絵)に即し、教材として捉えた「語り」を如何に活用していくか考えていこう。

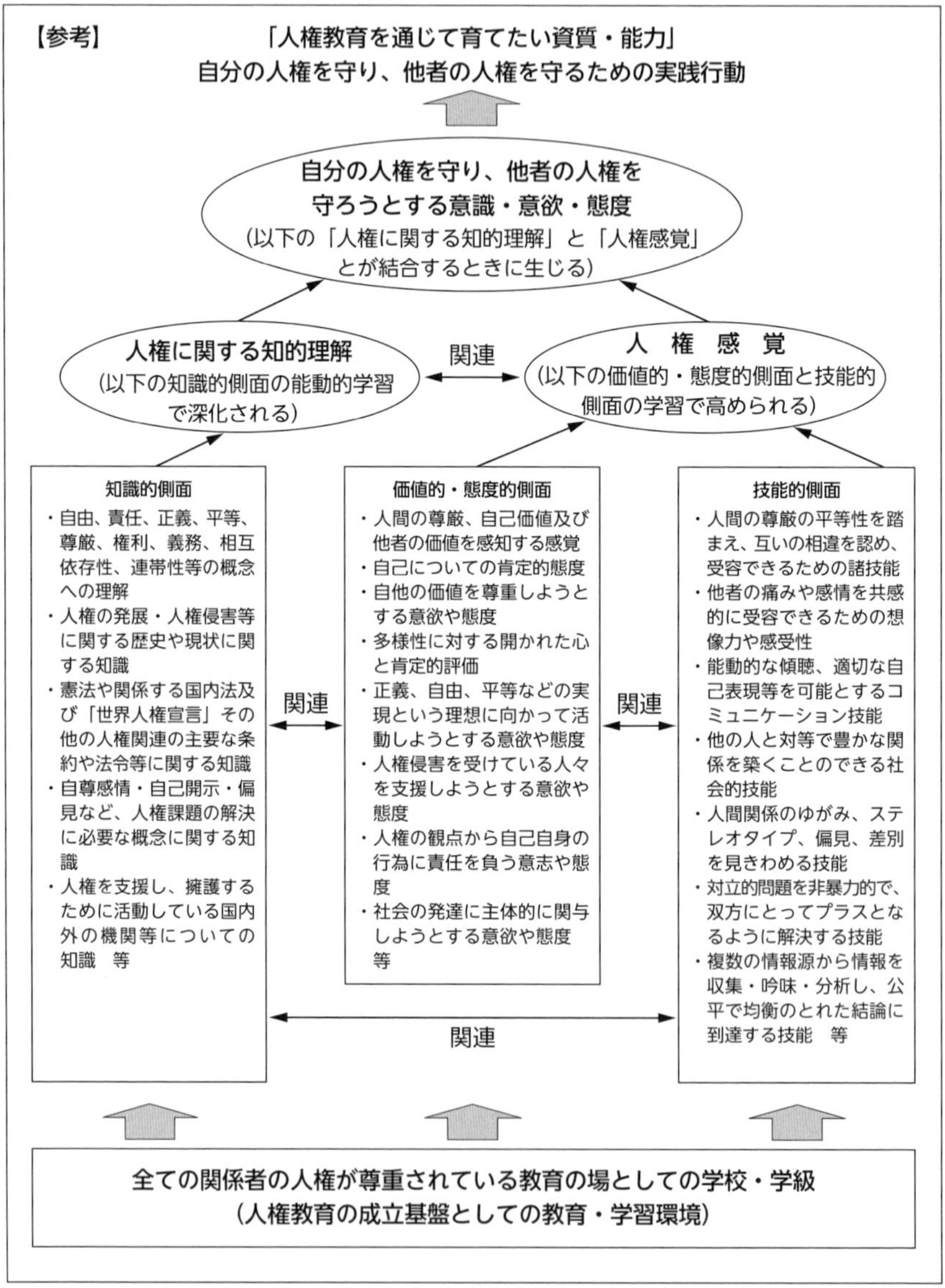

図 3-1　人権教育を通じて育てたい資質・能力[30]

②　教育的意図に応じた「語り部」の選択と「語り」の活用

人権教育において被差別の当事者を招いた講演会を実現すること自体が人権教育の成果として評価されてきたことは既に指摘した（53頁）とおりである。

しかし、同じハンセン病回復者であり入所者自治会の会長を務めるという共通点を持つ二人であっても、その「語り」の特色はそれぞれ異なるものである。だからこそ教育的な意図に応じて「語り部」を選定し、その「語り」を教材化すべきであろう。その際の選定の基準として活用したいのが、本研究における仮説「人権教育3つの局面ABC」である。例えば、ハンセン病に関わる偏見・差別の問題を取り上げ、児童生徒を「局面A（知育）」に至らせようとするのであれば、文書資料を用いた学習の後、児童生徒を佐川の「語り」に向き合わせ、ハンセン病資料館の見学を行うという学習活動の展開が考えられよう。

さらに児童生徒を「局面C（態度変容・行動）」に至らせようとするならば、平沢を取り上げた映像資料[31]を視聴した後、児童生徒を平沢の「語り」に向き合わせ、その際に自身の内面に生じた疑問や課題を探究するために、文書資料を活用した学習活動が有効であろう。その後さらに、佐川の「語り」にも向き合わせ知識の定着を図るとともに、ハンセン病資料館の見学も同時に行うという重層的な学習活動の立案・実施が望まれる。

これまでの「語り部」を招聘し、その「語り」を1回聞けば事足りるという発想から脱却を図り、教育的意図に応じた「語り部」の選定、加えて必要であるならば複数の「語り」を教材として活用することも視野に入れることが肝要である。

これ以降は、さらに焦点を平沢個人に絞り、「語り部」の「語り」の教材化の実際に迫っていこう。

コラム　全国にあるハンセン病の療養所

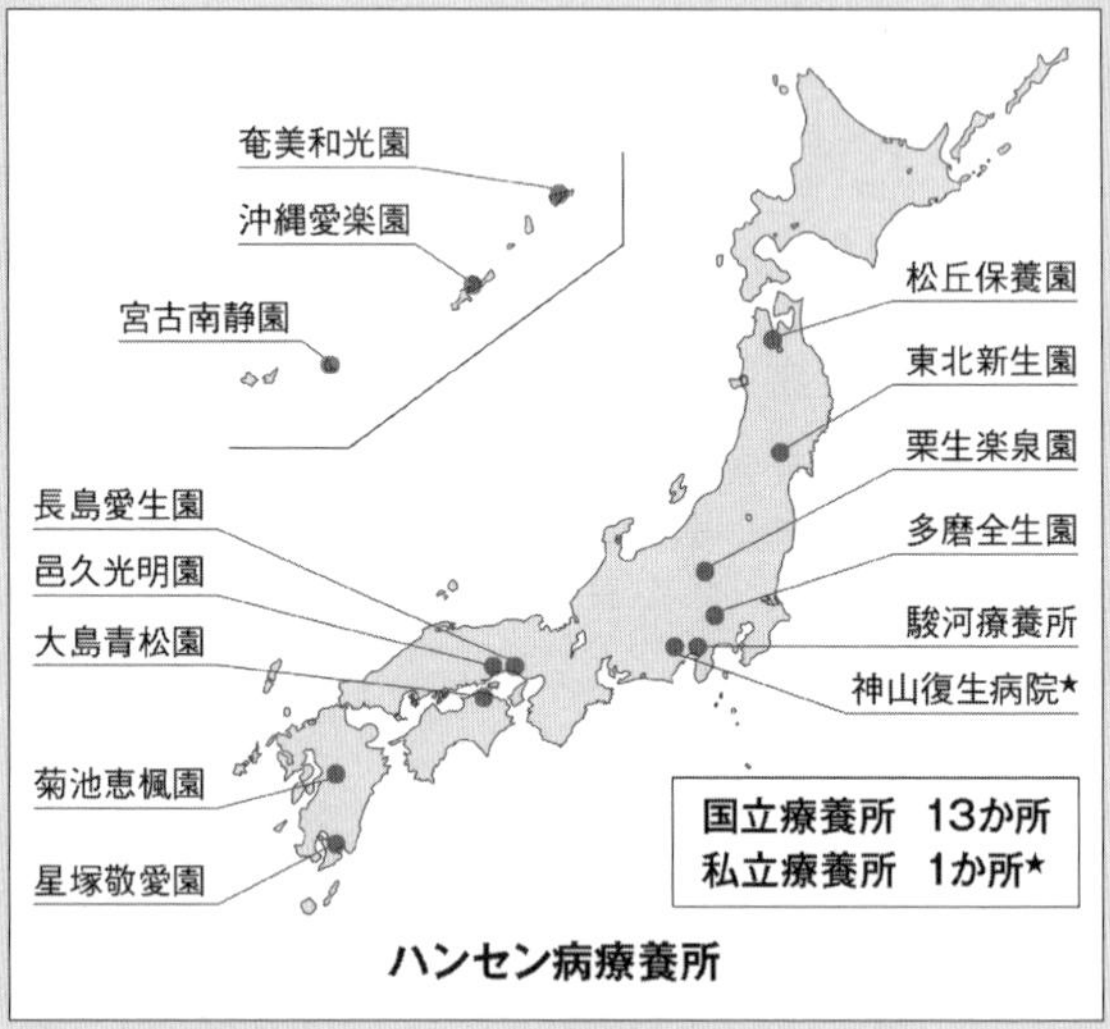

【出典】モグネット（https://mognet.org/）

２０２３年現在、全国にはハンセン病の国立療養所13か所、私立病院１か所の計14施設があり、総計８１２名（平均年齢87・９歳）の方々が暮らしています。どの療養所も、開設当時は、関係者以外は訪れることのない人里離れたへき地にありました。その後、時間経過とともに土地開発等が進み周辺の環境は変貌を遂げています。今となっては、自然豊かで風光明媚な環境にある広大な敷地に、入所者の住居や医療施設等が整備され、日々の生活が営まれています。このような園内を巡っていると、「眺めが素晴らしい」、「緑が美しい」等の言葉がよぎりますが、それを口にすることはできません。隔離され人為的に閉じられた敷地内での生活を余儀なくされた方々にとって、いくら広々としていてもそこに真の自由はなく、限られた空間や自然を一面的に評価する言葉は、「褒め言葉」にはなり得ない…と考えるからです。

29　毎日新聞２０１８年11月14日　大阪朝刊「ハンセン病語り部、全国で46人　負の歴史、風化させぬ　高齢化、見学対応難しく」

30　出典：https://www.mext.go.jp/b_menu/shingi/chousa/shotou/024/report/attach/1370701.htm（2022年5月閲覧）

31　『未来への虹—ぼくのおじさんは、ハンセン病—』企画：法務省人権擁護局・（財）人権教育啓発推進センター、制作：共同映画（株）・（株）マジックハウス、時間：30分、2005年制作

第二節　なぜ平沢の「語り」に注目するのか

「語り部」の育成の必要性や「語り」継承の要請は、時間の経過とともに高まっていくことは必至である。そうなれば、単に継承者を確保し養成するだけでなく、継承者の「語り」の内容やそこに見出される表現方法等を利活用し「語り」の質の維持・向上を図る必要が生まれてくる。

特に、「聴き手」との関係を念頭に置いた「語り」の質を担保するためには、定評のある平沢の「語り」の特長を明らかにしておき、それを活用することが効果的と考えた。平沢には、その定評を裏付けるための著作、さらにその効果を測定し得る「聴き手」の感想文が現存する。また、平沢自身へのインタビューやその「語り」を教材化した実践を通して得られた成果と課題は、平沢の定評を裏付ける要素となり、継承者の「語り」の質的向上に資するものとの見通しがあったからである。

それではまず、平沢の人となりを表す、いくつかの象徴的なエピソードを振り返ってみよう。

1. 平沢の歩んできた道

96歳（2023年4月現在）の平沢は、14歳でハンセン病と診断され、全生園に入院した。当時は、太平洋戦争の只中にあり、平沢も日本の勝利を信じて疑わない軍国少年であった。しかし、敗戦後、ハンセン病の特効薬「プロミン」が、敵国であったアメリカにおいて開発された現実に向き合い、平沢の価値観は根底から覆されるのである。平沢は、争いごとを平和的に解決し、どのような人とでも関係性を構築する大切さを身をもって学んだのである。

このようにして自らの価値観を転換した平沢が、人と繋がろうとしても地域社会の人々のハンセン病を患っていた人間に対する偏見や差別意識は、変わることがなかった。消毒液を打ちかけられる、平沢が座った席だけが丹念に清掃される等の嫌がらせや差別は続いていく。しかし、平沢は向き合った人が、たとえ自身を否定・差別し、互いの間に溝を作ろうとしても諦めることはなかった。むしろ自ら行動を起こし、仲間となるよう働きかけたのである。

1980年代に入り、障がい者団体の代表者として、公的に各種委員会の委員を務めるようになっても「何で委員会等に『らい患者』を入れるのか」との抗議が繰り返された。それでも平沢は、自身の「恨みを恨みで返してはいけない」（平沢2005、139頁／2012）という信念を貫き通している。

平沢は、全生園入所者自治会会長、資料館の運営委員等を歴任し、教育にも活路を求めるようになった。「語り部」活動を展開し、看護学校及び地域の小中学校などの人権教育にも携わるようになる。

このような平沢に対して、長尾・中村（1996）は、「福祉のまちづくり運動のために外部と連携し、患者が積極的に街中に出ていくことが、地域の人々の間にある偏見や差別を打破する際にいかに有効」であったかと述べている。また、川﨑（２０１４）は、障がい者に関わる社会的な活動を評価し、平沢を「『語り部』、『社会運動家』と呼ばれる無二の存在」と称している。

また、細田（２０１０／２０１７）は、「社会運動とは人と人とのつながりをつくる」及び「対等な人間どうしとしての付き合いの積み重ねが、この社会から差別、偏見を取り去っていくことにつながる」という平沢自身の言葉に着目し、その独自性を評価している。

序章でも述べたとおり、これらの先行研究を集約するかのように平沢の個人史に着目したのが今津（２０２１）である。平沢が、ハンセン病回復者として偏見や差別を克服してきた人生を「たたかい」とひらがなを使って表現する理由やその背景を平沢の個人史を分析しながら論じている。さらに今津（２０２１）は、ハンセン病問題の完全解決に向けて注力した「人権の森」構想[32]を取り上げ、平沢の想いを次のように代弁している。


「人権の森」は決して単なる過去の顕彰ではなく、現在そして今後の新たな世代に対して、「共に生きる人間」が「人間らしい生」への希求をたくましく続けていこうと力強くよびかけているのです。もちろんその過程では苦しみがあるかもしれませんが、少しでも希求を具体的に実現できれば、きっと私たちの「歓び」になります。それが「たたかい」の基本姿勢なのです。（三芳晃〔平沢の筆名〕、２０２１、２６７頁）

2. コロナ禍における平沢の活動

２０２０年5月、平沢は、全生園が所在する東村山市の子どもたちに向けてメッセージ（東村山市、２０２０）を発信した。以下にその全文を紹介する。（傍線と番号は筆者による）

東村山市の小学生・中学生の皆さん、こんにちは。学校が休みで毎日どうしていますか?それぞれが、宿題やテレビやゲームなどに過ごされていると思います。でも、新型コロナウイルスには人間は絶対に負けません①。手を洗い、うがいをし、マスクをかけ、大勢のひとがあつまる所に出かけないことが新型コロナウイルスにとって一番怖いことですし、治療薬やワクチンも作られることは間違いありません②。わたしはハンセン病のために68年間、らい予防法という法律に縛られて柊の11万坪の中に閉じ込められていましたが、資料館をつくり、講演会などを行い、公然と社会に出られ、家にも帰れるようになりました。それに比べれば、新型コロナウイルスはまだわずかな時間しかたっておりません③。でも、油断は禁物です。病気とは自分自身との戦いです。自分に打ち勝って学校にも早く戻り、サッカーや野球やテニスなど、いろいろなスポーツや遊びもできるようにいたしましょう。家にこもりがちな皆さん。元気を出して、耐え抜きましょう。私たちには明日があり、未来があります④。

２０２０年5月3日　平沢 保治

このメッセージの中に、人権の「語り部」として平沢の到達点を窺い知ることができる。まず、平沢のメッセージには、偏見や差別の文字はない。むしろ、①の「新型コロナウイルスには人間は絶対に負けません」には、平沢の強い意志が表れており、私たちが向き合うべきものは、病を得た人ではなく、新型コロナウイルスであると明言している。また、②の「治療薬やワクチンも作られることは間違いありません」からは、具体的な根拠を基に「子どもたちに見通しを伝え安心させよう」とする平沢ならではの配慮を読みとることができる。さらに、③の「それに比べれば、新型コロナウイルスはまだわずかな時間しかたっておりません」においては、自身の過酷な体験は現実にあったとしても、困難を乗り越える努力を続ければ、未来が開かれることを説いている。ハンセン病の療養所という閉ざされた空間にありながらも、可能性を追究し行動・実践を重ねてきた平沢だからこそ、語ることができる言葉である。

そして、平沢の生き方・考え方を象徴的に表すのが、最後の一文の④「私たちには明日があり、未来があります」である。「私たち」の一人称での語り方に、差別・被差別の関係が生まれることはない。むしろ、共に今を生きる仲間の一人として、困難に立ち向かうことを呼び掛けている。93歳（２０２０年5月時点）の平沢と小中学生が、同じ時代を共に生きる時間には限りがある。その希少な時間だからこそ、平沢は子どもたちに未来を託そうと希望を語るのである。何歳になっても変わることのない、平沢の能動的な生き方ならではのメッセージである。

3. 事例に見る平沢の「語り」の特長

さて、「語り」の「質」に関して啓発される具体事例として、全生園内の資料館だけでなく、地域の小中学校などでも、ハンセン病回復者として「語り部」を長年務めてきた平沢の「語り」の特長を指摘したい。

そこで、「語り」の特長を検討するための方法として、２０１９年3月と12月、２０２０年7月の計3回にわたりライフストーリー法によるインタビューを実施した。それは筆者が平沢の「語り」の場に臨んで率直に感じてきたことを検証する聴き取りでもあった。

さらに平沢（２０２１）によって綴られた人生記録[33]だけでなく、他の諸著作も併せて参考にすることとした。

序章第四節「2. 研究方法」の⑵（20頁）でも述べたとおり、インタビューは、全生園内の平沢の居宅において毎回1時間程度行った。調査協力者の江藤と共に筆者がインタビュアーを務め、半構造化法により実施し、録音及び手書きの記録法を用いた。

あくまで対象は平沢の個人史に焦点を絞り、平沢が「語り部」になるまでの経緯とその諸活動、そして平沢の「語り」が有する特長を明らかにすることを目的とした。なお、平沢の了解を得て実施したインタビューは、科研費調査の一環[34]であり、東京純心大学の研究倫理審査委員会の承認を得ている。

筆者は、平沢の「語り」の場に何度か参加することがあり、そこでの観察結果も併せて整理すると、その「語り」には結論的に「共生志向」、「未来志向」、「創造志向」と名付けられる特長（神山、2022）があると考えている。いずれも、ハンセン病についていかに説明するかではなくて、「語り部」と「聴き手」との関係に関わる性質であり、それ自体が特長的と言えよう。以下、具体的な場面を挙げて説明する。

(1)　共生志向：共に支え合う

1995年、平沢は学校における「語り部」活動を開始した。他の「語り部」の多くは、2001年の「らい予防法」違憲国家賠償請求訴訟の国の控訴断念後に、周囲の求めに応じて語り始めているのに対して、平沢は逸早くしかも自らの意志で活動の場を学校教育に求め、それを実現したのである。当時は、全生園で生活する回復者が、園外に出て子どもに向かって話をする等は有り得ないことであった。それは「らい予防法」という法律が存在し、子どもには感染しやすいという学説さえあったからである。しかし、平沢は、未来を担う子どもたちに語りかけたいという自身の夢を実現するために、本来使う必要のない車いすに乗り「障がい者」として中学校で講演する機会を得たのである。平沢は当時のことを次のように語っている。

体育館から車いすで帰る時、中学生から握手を求められたんだ。その時、校長先生や先生方が、「握手をするなんて……」とびっくりしたような顔をしていた。来てよかったんだと思った。元気をつけてくれるのは聴衆なんだ。（中略）頭の毛を長くした3年生の親分みたいな連中が、話を聞いたら態度が変わって、「おやじさん、辛かったんだな。おれも頑張るから、頑張れよ」と言ってくれた。その子たちの姿を見て、先生たちが泣いていたよ。（2020年7月インタビュー）

「語り部」として学校における初めての活動は、「聴き手」である中学生自らの「握手を求める」行為と「おれも頑張るから、（平沢も）頑張れよ」の言葉を引き出した。平沢自身の「来てよかったんだ」の言葉から、「聴き手」である中学生の言動により抱いていた不安が払拭され、「語り部」としての存在を認められた平沢の安堵の気持ちを読み取ることができる。このように、平沢の「語り」は、「語り部」である平沢と「聴き手」である中学生との相互行為の結果として成立する「共に支え合う語り」と言える。

⑵　未来志向：未来を託す仲間を育てる

平沢の「語り」は、「聴き手」を能動的にさせる力を持っている。偏見や差別の問題を克服するには、人の心の奥底にある意識に働きかける必要があり、変容や成長を求めるには、水が岩に染み入るような粘り強さが求められる。だからこそ、平沢は、拙速に結果を求めはしない。むしろ自身の後を受け継ぎ「未来を託す仲間を育て」ようと「聴き手」を見守り続けるのである。

例えば、平沢から学んだことを早速、明日から実践していこうと意気込む教職志望の学生に対して平沢は「急にどうこうしろと言っているわけではない。何かにぶつかったときに今日の話を思い出せばよい」と肩の力を抜くよう言葉をかけているのである。

⑶　創造志向：生きる希望を灯す

平沢は、資料館においても、不特定多数の「聴き手」を対象に行う「語り部」活動に取り組んできた。その「聴き手」の中の一人であったαは、生まれながらの病や障害に悩み「吃音が伝染する」等の周囲の誤った認識に苦しめられてきた。母親に対して「僕なんかその時に死んどけばよかった」の言葉を発したことさえある中学生[35]である。

平沢は、「聴き手」を共に生きる仲間として捉え、その置かれている立場や状況を想像し語りかける。社会の状況や場の雰囲気、「聴き手」の姿勢や表情、息遣いなど、全ての情報を身体全体で受け止め、「聴き手」の「心の声」までをも聴き取ろうと努力し、平沢独自の「語り」を彫琢している。このように語りつつ、全身全霊で「聴き手」に向き合う平沢は、「語り部」であると同時に「聴き部」であると言えるだろう。

ところで、ハンセン病療養所内で治療に当たった精神科医の神谷は著書『生きがいについて』（１９８０、１７６頁）の中で印象的な場面を記している。「君は決して無用者ではないのだ。君にはどうしても生きてもらわなければ困る。君でなくてはできないことがあるのだ。ほら、ここに君の手を、君の存在を待っているものがある」等と呼びかけ、精神的な死から生へと蘇らせる存在を「天来の使者」と称している。

「天来の使者」という表現から、先程の平沢の「語り」を振り返ってみよう。平沢は、講演会の「聴き手」に対して「怨念を怨念で返さない」と語り、①夢や希望を持つ、②ありがとうと言える人間になる、③両親から頂いた命を大事にするという三つの約束を交わすことを求めた。講演後にαに話しかけ「堂々と生きる」よう激励する平沢は、αにとっての「天来の使者」であり、あるいは「照導師」（筆者による造語）でもある。平沢の「語り」は、自分を無用の存在と思い込み固く閉ざしたαの心を温め、その扉を開けたと見える。偏見や差別とたたかい続けてきた平沢は、子どもたちの進むべき道を照らし温かく導いている。この出会いを機に、αは新たな自分の道を歩み始めたことであろう。

平沢にとっての究極の目標は「らい予防法」の廃止であり、1996年にその目標は達成された。しかし、平沢は自身の歩みを止めることなく、「語り部」としての活動を広げていく。それは、「語り」を通して出会った「聴き手」から「必要とされる」経験を通して、平沢は「生きがい」を発見する喜びと充実感を味わっているからである。

初めての学校での講演会で、平沢が自身につぶやく「来てよかったんだ」の一言に含まれる安堵と喜びの感情こそが、神谷の言う「生きがい感の最もそぼくな形」（1980、18頁）である。ここを起点に、平沢は「無限のかなたにある目標」（神谷1980、28頁）を追い求め始めたのである。当時、93歳の平沢が、コロナ禍にあっても、小中学生に対し自らメッセージを発するのは、常に「無限のかなたにある目標」を追い続けているからであり、何歳になってもそれは変わることはないだろう。

4. コミュニケーションの視点から見る平沢の「語り」の特長

さて、ここからは「語り部」であり「聴き部」でもある平沢の「語り」を、コミュニケーションの視点から取り上げたい。平沢は、ハンセン病回復者として、全生園に隣接する資料館をはじめ地域の小中学校などで、人権の「語り部」を長年務めてきた。平沢の「語り」は多様な層の多くの「聴き手」に定評があり、その定評は何に基づくものかを明らかにすれば、「コミュニケーション」の視点を踏まえた「語り部」育成の在り方を考える際に有意義であろう。

具体的には、先に挙げた「共生志向」、「未来志向」、「創造志向」と名付けられる特長について、コミュニケーションの観点から説明を加えていこう。その際に用いるのがJ. M. ウィーマンによるコミュニケーション能力を総合的に分類した結果導き出される5局面である。

J．M．ウィーマンはコミュニケーション能力を次のように定義する。「一定の状況下で、個人の目標を達成するために、他の誰かと円滑な交流を成し遂げる行動を選択できる能力である」（J．M．ウィーマン、1977）。この定義に従い、観察しうる対面関係でのコミュニケーション能力を区分すると次の5局面となる（J．M．ウィーマン、1977）。

①　affiliation-support：相手と提携し支持すること
②　social relaxation：コミュニケーションの場で緊張しないこと
③　empathy：共感できること
④　behavioral flexibility：柔軟な行動をとれること
⑤　interaction management：相手に臨機応変に対処できること

そこで、平沢の「語り」の特長がこれら5局面といかに対応しているか、各局面をそれぞれ重ね合わせながら考察していくと、①～⑤の全ての局面の能力が動員されて、特長全体が発揮されていることが分かる。

(1)　共生志向ａ　①affiliation-support

平沢は、「聴き手」に対して苦難の人生や過去の事実を伝えることはあっても、その償いを求めることは望まない。この考え方を象徴的に表す言葉として平沢が各所で語っている「怨念は怨念で返さない」がある。過去に遡って責任を問われることはないため、「聴き手」は安心して平沢の「語り」を受け止め平沢と共に新たに今を生きる仲間となり得る。

(2)　共生志向ｂ　④ behavioral flexibility　⑤ interaction management

(1)の共生志向で述べたとおり、平沢は子どもたちに直接語りかけたいという夢を実現するために発想の転換を図り、本来使う必要のない車いすに乗り「障がい者」として講演する機会を得た。講演後、中学生から「おれも頑張るから頑張れよ」の言葉と共に握手を求められ、平沢は「来て良かったんだ」とつぶやくのである。この平沢の「心のつぶやき」ともとれる言葉から、吉武（２０１５）が指摘する「内省し刷新し続ける intrapersonal なコミュニケーション」つまり自己内対話が、平沢の中で行われていたと解釈できよう。

(3)　未来志向ａ　① affiliation-support　② social relaxation

偏見や差別の問題の克服には、心の奥底にある意識の変容が不可欠だと考えられるが、それには相当の時間とエネルギーを要する。だからこそ、平沢は、拙速に結果を求めはしない。むしろ後を受け継ぎ未来を託す仲間を育てようと「聴き手」を見守っている。平沢からの学びを実践に移そうと意気込む学生に「即座に結果を残す必要はない」との言葉を忘れずにかけている。

(4)　未来志向ｂ　④ behavioral flexibility　⑤ interaction management

平沢は、対象が小学生でしかも運動会の時期であれば、徒競走などを例に挙げ「何等賞でも一生懸命取り組んだことに価値がある」など、「聴き手」の求めに触れる「語り」を行っている。子どもに喜んでもらえるように話せば、家に帰り「今日平沢さんの話を聞いたら……」と家族に話すことを意図しているのである。平沢は、子どもを介してメッセージが伝われば、本来、変革が困難な大人の意識を変える可能性が高まることを体験的に学び、子どもを媒介者として大人へのコミュニケーションを図っている。

また、平沢はコミュニケーションの力を用いて、子どもたちの心に未来への種を撒き、その成長を見守り続け、子どもたちを未来の「語りの継承者」として誘っているのである。このことについて、池田（２０１０）も『何かが伝わる』とは、メッセージの発信者が投げたボールを受け取るようなものではなく、撒かれた「種」を受け止めて育てるようなものなのだ」と同様の表現を用いて説明している。つまりメッセージの種が芽を出して育っていくには時間の流れを見通すことが必要である。

(5)　創造志向　③ empathy　⑤ interaction management

平沢は、資料館においても不特定多数の「聴き手」を対象に行う「マス・コミュニケーション」の「語り部」活動にも取り組んできた。講演会では、「聴き手」全員に対して「夢と希望を持つ」、「『ありがとう』と言える人になる」、「親から頂いた命を絶対に粗末にしない」の「三つの約束」を交わそうと呼びかけている。

(3)の創造志向で取り上げた「母親に対して『僕なんかその時に死んどけばよかった』の言葉を発したことさえある中学生α」は、平沢が「三つの約束」を「聴き手」全員に求めた時点で、自分は「平沢に見透かされている」との思いを抱くようになる。

平沢の「語り」は、αを対象とする「パーソナル・コミュニケーション」ではなかったが、αの内面において自己内対話によるコミュニケーションが成立したと言えよう。さらに、講演後、αは平沢から「堂々と生きる」よう激励の言葉を受けている。「フォーマル・コミュニケーション」に続く「パーソナル・コミュニケーション」が、固く閉ざされたαの心を温め、αに新たな自分像を創造する力を育んだと言えよう。

5.　児童生徒の感想文に見る平沢の「語り」の持つ力

平沢はハンセン病療養所での隔離生活の過酷な経験に触れることはあっても、その「語り」の中核を為すのは「共に支え合うこと」や「仲間を育てること」あるいは「生きる希望を灯すこと」である。こうした「語り」の特長は、「聴き手」がどう受け止めるか、感想文の内容にいかに反映されているかの分析により紐解くことができる。

ここでは、筆者が仮説として提唱する「人権教育3つの局面ABC」を観点に「語り」を聴いた小中学生の感想文を分類・考察することにより、「語り」が持つ影響力、つまり谷川・宮脇ら（2015）が主張する「最後の語り部による記録の保存の重要性」を数値で裏付けることにある。また、「語り」を教材として扱う際の指導上の留意点も明確にしていきたい。これまで人権教育においては、「語り部」と出会う機会自体が稀少であるために、「語り」を傾聴することに力点が置かれてきた。「語り」を有効活用するための方策を検討し、指導上の留意点を明らかにしてみたい。

(1)　対象

平沢には、児童生徒から自由記述の感想文が多数寄せられている。対象を小中学生に絞り、その中でも、平沢の「語り」の内容を踏まえた感想となり得る字数と判断した400字以上の感想文を分析することとした。その結果、平沢が2002年~2016年の間に行った「語り」のうち、都内公立小学校7校、中学校2校、小学校5年生から中学校3年生による866の感想文を対象とした。

(2)　方法

筆者及び研究協力者の江藤と片桐素子氏[36]の3名で分析を行った。

質的分析については、866の感想文を3人がそれぞれ読み、3人の判断が一致したものについては、その時点で評価を確定した。評価が分かれた場合には多数決ではなく協議し判断の合意形成を図った後、評価を決定した。

量的分析においては、学校ごとに担当者を2名割り当て、一人の判断の後、別の一人が判断してダブルチェックを行った。

〈質的分析の考え方〉

「人権教育3つの局面ABC」の局面毎に、以下の評価基準を設け感想文を分類した。

〔局面A〕

① 「語り」の内容が記録的に記されている。

② 「語り」の内容には触れず「偏見を持たない」、「差別を許さない」等が記されている。

〔局面B〕

① 「語り部」の生き方・考え方に影響を受け再確認・変容したこと等が記されている。

② 偏見や差別の解消に向けて、行動を起こそうとする意欲が芽生えている。

〔局面C〕

① 「語り部」の生き方・考え方に影響を受け、自身の目標を定めている。

② 偏見や差別の解消に向けて実現可能な取組の考案・実施、意欲の向上が記されている。

〈量的分析の考え方〉

人権教育の手法については、「人権一般の『普遍的な視点からのアプローチ』と具体的な人権課題に即した『個別的な視点からのアプローチ』とがあり、この両者があいまって人権尊重についての理解が深まっていく」（文部科学省、2002／2011）ものと考えられる。そこで、「普遍的な視点からのアプローチ」につながる「日常生活上の基本的価値」のキーワードとして「夢・希望・感謝・生命」を、「個別的な視点からのアプローチ」につながる人権課題に関わる価値のキーワードとして「偏見・差別・いじめ・悪口」を設定し、計8のキーワードの表出回数について量的に集計した。なお、一人の感想文に複数回、当該の言葉が使用されていても1回とカウントした。

(3)　研究倫理

感想文は平沢の私物であることから、研究倫理の遵守として、本人の了解を得て借用し、集計・活用についても平沢の許諾を得ている。また、本来ならば、感想文を寄せた当該の学校及び児童生徒とその保護者から了解を得ることが必要であるが、感想文の執筆時期から6〜20年経過しており、連絡をとり許諾を得るのは不可能であると判断し、学校名や個人名は全て匿名とすることとした。

(4)　結果

表3-4（口絵）において、局面A〜局面Cのうち、全体で最も多かったのが、局面Bである。9校の総数866人中の515人、全体の60％が局面Bに至っていた。次いで多いのが局面Aの307人で35％、3番目が局面Cの44人で5％となっている。

学校別に見ると、全体的な傾向の「B→A→C」と同様の傾向にあるのが、No.1・No.4の小学校とNo.6〜No.9の小中学校6校であった。

No.2の小学校は、最も多いのが局面Bであることは同じだが、局面Cの数値が局面Aより高い。特に、局面Cの値は26％で、No.2以外の学校が1〜7％であることを踏まえると、いかに突出しているかが分かる。

No.3とNo.5の2校は、局面Aが最も多く、次いで局面B、局面Cの順である。局面Cについて、No.3の学校は3％、No.5の学校は1％に止まっている。

表3-5（口絵）において、全体の49％の児童生徒が「差別」の言葉を使っている。学校別にみるとNo.2とNo.6

の2校を除く、全ての学校において「差別」がそれぞれ①~⑧のキーワードの中で、最も高い数値を示している。

中でも№1の小学校は、79%の児童が、「差別」という言葉を用いている。それに対して№2の小学校は、最多が「生命」43%、次が「差別」38%である。その他「夢」・「感謝」が26%、「希望」が25%、「いじめ」が28%と、ほぼ同じ割合で使用されている。

№6の中学校は、他校と同様「差別」で31%と高い数値を示しているが、それ以上に多いのが「夢」45%と希望39%で、それ以降、「生命」22%、「感謝」20%と続いている。

学校ごとの結果の違いが興味深いので、これらの違いにいかなる原因が考えられるかについて、次の考察で検討しよう。

(5)　考察

まず**表3-4**(口絵)において局面Bの数値が高いことに「語り」の教材化の可能性が確かめられる。局面Bに至れば、その後の時間経過や経験の積み重ねにより児童生徒は局面Cへと成長する可能性を掴んだと言えよう。

池田も「『何かが伝わる』とは、メッセージの発信者が投げたボールを受け取るようなものではなく、撒かれた「種」を受け止めて育てるようなものなのだ」(2010)と述べている。人権教育をABCの局面に分けて把握することにより、「語り部」と聴き手とのコミュニケーションの一過程を浮かび上がらせることが可能となったと言えよう。

次に**表3-5**(口絵)において、「日常生活上の基本的価値」(①~④)と「人権課題に関わる価値」(⑤~⑧)を比較してみよう。平沢の「語り」は、過去の差別体験に基づくものであることから、全体の49%が、「人権課題に関わる価値」を表す「差別」を用いているのは当然と言えよう。しかし、「日常生活上の基本価値」が、「夢(17%)」「希望(13%)」「感謝(10%)」「生命(23%)」と少なくないのはなぜだろうか。

感想文からは平沢が「夢と希望を持つ」、「感謝を言える人になる」、「命を粗末にしない」の三つの約束を繰り返し子どもたちに伝えようとしていることが読み取れる。

つまり、平沢は、自身の過去の体験を伝えることを通して、聴き手の未来を創る営為に命とエネルギーを与えようとしているのだと考えた。

平沢の「語り」には、このような特長があるにもかかわらず、No.1の小学校の感想文から、事前学習として「偏見と差別」をテーマとする話合いが行われていたことが読み取れた。当該校の教師にとって「講話は、〈ふだんの授業とは異なる特別の機会〉であるため（中略）語り部の講話を〈スムーズに聞く〉ための事前学習」（矢守・舩木、2008）を行ったのであろう。

しかし、その事前学習は、平沢の「語り」の特長とは異なる「偏見」「差別」という枠組みを子どもたちの中に構築してしまった。その結果が「差別79％」という数値に表れたものと考えられる。

もちろん、被差別の当事者を「語り部」として招聘しているのだから、偏見や差別の問題は当然含まれているが、それが全てではない。平沢であれば、その「語り」の特長は、共生・未来・創造志向であり、それを踏まえた事前指導や「語り」への向き合い方があったのだろう。

その意味においてはNo.2の小学校とNo.6の中学校は、平沢の「語り」の特長を踏まえた事例と言える。特に、No.6の中学校は、ほとんどの生徒が小学校6年生の時に、同じ平沢の「語り」を聴く経験を持っていた。

小中学校の連携や中学校の教員の教育的意図の有無は、児童生徒の感想文だけでは確かめようもないが、生徒は、既に平沢の「語り」の特長を体験的に学び、時を越えて再びその「語り」に向き合ったのである。

No.6の中学校の生徒のキーワードの選択には、思春期とりわけ受験を控えた中学校3年生特有の傾向が表れている。45％の「夢」を筆頭に「希望」、「感謝」、「生命」の日常生活上の基本的価値に関わる意識が高いのも、「語り」の特長の理解が深まった結果であろう。

以上のようにハンセン病回復者の一人である平沢の「語り」を聴いた児童生徒の感想文を分析することにより、「聴き手」とのコミュニケーションプロセスという見落とされがちな過程を浮かび上がらせることができた。「語り部」の「語り」の力を人権教育推進の原動力とするために、以下の3点を教師の指導上の留意点として提示する。

①「語り部」に対する理解をより深化させるために

教師自身が「語り部」に関わる基礎的・基本的情報を収集し理解を深める。「語り部」の「語り」を直接または映像等を通して聴き、「語り」が自分の心情や意識にどのような変化をもたらすか、「語り部」を招聘する前に教師自らが体験を済ませておく。

②「語り部」との良好な関係性を構築するために

事前に教師が「語り部」と面談し、授業のねらいや講演会前後の学習内容を伝える。教師と「語り部」が、互いの表情や声などを確かめ合える直接の対面は、良好な人間関係の構築につながるからである。「語り部」との事前の交流は、同時に教師にとっても「教材化のための着想」を得る機会となろう。

③「語り部」への事前の情報提供

児童生徒の個人情報に配慮しつつ、教師から講演等を依頼する「語り部」に対して、日々の学習や学校行事等を通して得られた、児童生徒の喜びや成長の姿について、映像や動画等を交えて情報提供する。

それと同時に、いじめや不登校、虐待など子どもたちを取り巻く状況や課題も伝えていく。「何の苦悩もない子どもたち」に語りかけるという前提では、両者の間に共通の問題意識の土壌が生まれることもなく、かえって溝が生まれる恐れがある。年齢や経験が浅い児童生徒であっても生きている以上、抱えている問題や内に秘める悩みを持っていることを、事前に「語り部」に伝えておく。「語り部」が、児童生徒との間に接点を見出し、コミュニケーションを図ることができるよう、環境を整備する。

第三章第一節5.(3)（78頁）で佐川と平沢が、それぞれの特性を持った「語り部」であったことからも分かるように、「語り」には様々なタイプがありその背景には「語り部」一人ひとりの多様な人生が映し出されている。だからこそ人権の「語り部」であれば、得られる学びは、どの「語り部」であっても「偏見や差別」であるとの硬直化したイメージを払拭する必要がある。

当事者のありのままの「語り」を受け止め「局面A（知育）」から「局面B（当事者意識）」そして「局面C（態度変容・行動）」へ発展し得る人権教育を具体的に実践できるよう、何よりもまず留意事項を実現することが残された課題である。

コラム

平沢保治氏との出会い

人権の「語り部」平沢保治氏（以下、敬愛の想いを込めて「平沢さん」と呼称）との出会いは、20年前に遡ります。当時の私は、東村山市教育委員会事務局の一員として、「いのちの教育推進プラン」に基づく人権教育の担当をしていました。平沢さんには、授業のゲストティーチャー、人権教育総合推進会議への参加、教育委員会が作成する資料の監修など、お願いをする一方でした。それでも平沢さんは、「子どもたちの為なら……」と惜しみなくご支援くださいました。例えば、夜7時から開催する会議にも「市役所の暗い廊下を通るのは初めて……」などと笑いながら話し、会議の場を和ませてくださいました。その後も私が人権教育に関わり続けているのも、私たちの「お父さん」として常に深い愛情をもって支えてくださっているからです。

32　ハンセン病問題基本法に基づき策定する「療養所の将来構想」のこと。多磨全生園では、以下の3本柱を将来構想に掲げている。1. 医療・看護・介護の確保と生活環境の改善　2.「人権の森」構想　3. 地域との共生、開放に向けた検討（https://www.city.higashimurayama.tokyo.jp/shisei/danjo/jinken/jinkennomorikousou/jinkennomori.html　2022年5月6日閲覧）

33　『ぶらっと万歩計―74年を生きて―』（2021）〔筆名・三芳晃〕私家版

34　JSPS科研費、2018年度 基盤研究(C)課題番号 18K02550、研究課題名「ハンセン病回復者『平沢保治』等に学ぶ教育実践を通した『特別の教科道徳』の教材開発」

35　この中学生（2018）は、「ハンセン病を知って学んだこと」第36回全国中学生人権作文コンテスト中央大会法務副大臣賞を受賞した。

36　元東村山市役所職員で教育委員会職員として人権教育に関わる事業に携わった経験がある。現在は、全生園の明日をともに考える市民の会、NPO法人東村山活き生きまちづくりの会員である。

第三節　平沢の「語り」を教材化した小学校の実践

本節においては、平沢の「語り」を教材化した具体的な実践事例を取り上げる。この事例は、公立の栄美小学校における第6学年の道徳科の授業で、人権課題「ハンセン病患者等」及び「新型コロナウイルス感染症患者等」を取り上げたものである。コロナ禍にあってこそ、同じ感染症であるハンセン病を取り上げる点に明確な教育的意図がある。
そこで、教育以前の人権全般の問題として、人権課題「ハンセン病患者等」を取り上げる意味を確かめておこう。

1．人権課題「ハンセン病患者等」

ハンセン病は、現在国際的には、世界保健機構が主体となり、その撲滅に向けた取組が進められ、新規患者は激減している。しかしながら、誤った認識や誤解に基づく偏見・差別により、ハンセン病患者・回復者及びその家族に対する深刻な人権侵害が、今なお世界各地で発生している。

我が国においては、1997年にとりまとめられた「人権教育のための国連10年に関する国内行動計画」に、「ハンセン病については、平成8（1996）年に『らい予防法』が廃止されたところであるが、ハンセン病に対する差別や偏見の解消に向けて、資料館の運営、啓発資料の作成・配付等を通じて、ハンセン病に関する正しい知識の普及を推進する（文部科学省、1997）」と位置付けられている。山元（2011）が「ハンセン病問題が社会問題である最大の理由は人権侵害」であり、「学校教育においては当然人権教育の視点から学ぶべき内容である」と指摘しているとおり、ハンセン病問題とは、誰もが生まれながらに持つ固有の権利が、病を理由に侵害される現実の人権問題である。

文部科学省の動向としては、2019年に発出した「ハンセン病に関する教育の実施（通知）」及び「ハンセン病家族国家賠償請求訴訟の判決受入れに当たっての内閣総理大臣談話」においては、「患者・元患者やその家族がおかれていた境遇を踏まえた人権啓発、人権教育などの普及啓発活動の強化（閣議決定、2019）」が明示されている。

さらに、2021年に発出された「ハンセン病に関する教育の更なる推進について（通知）」においては、厚生労働省が既刊のパンフレット「ハンセン病の向こう側」及び新規に作成した人権啓発動画「ハンセン病問題を知る～元患者と家族の思い～」の活用等が推奨されている。

この通知で注目すべき事項は、資料館の学芸員による出張講座及び社会福祉法人ふれあい福祉協会が厚生労働省から受託している「ハンセン病対策事業」の一環として展開している講師派遣事業である。2016年度から取り組んでいるピアサポート事業ではハンセン病回復者を、2020年度からはハンセン病回復者の家族にも講師依頼を行い、事業の拡充が図られているという。「語り部」に着目した取組が、文部科学省・厚生労働省のレベルで取り上げられたことについては評価できよう。

さらに直近では、序章第一節でも少し紹介した「ハンセン病に係る偏見差別の解消のための施策検討会　報告書」（2023）に着目したい。その報告書の中で最も注目すべき点として「偏見差別の解消のための課題」が挙げられる。

これからの人権教育・啓発は、〈いま・ここ〉、自分が生きている場で、目の前に現れた差別を許せないとしてこれを是正するために行動する人間を一人でも多く育てることの重要性を認識すべきである。（34・35頁）

ここで言う「行動する人間」とは、本研究における仮説「人権教育3つの局面ABC」に照らし合わせれば「局面C（態度変容・行動）」に至る児童生徒の存在を意味し、人権教育の障壁を超越した時に初めて育成可能な姿であると捉えている。

以上のようなハンセン病に関わる社会情勢を踏まえ、既に実践に取り組み、一定の成果を挙げている実践例を以下に概観してみよう。

2. 人権教育の「局面C（態度変容・行動）」を目指す教育実践

栄美小学校は、指導者側のハンセン病に関わる正しい理解が必要不可欠であると考え、その手始めとして、平沢を題材とした人権啓発ビデオの視聴及び関連資料等の理解を通して、教材研究を進めていった。コロナ禍のため、校長・授業者となる第6学年担任・研究主任が教職員を代表して資料館及び全生園を訪問し、短時間ではあるが平沢との対面も果たした。

一連の研修を経て、同校はまず、総合的な学習の時間において、ハンセン病に関連する諸問題について取り上げた後、道徳科の授業を行うことを決定した。

これ以降、２０２０年11月及び２０２１年3月に行った道徳科の授業の概要と成果等を以下に示す。

(1)　道徳科　第6学年の実践Ⅰ「平沢さんからのメッセージ」

①　実践Ⅰの概要（導入・展開）

主題名を「社会正義の態度（C-13）」とし、東村山市のホームページに掲載されたメッセージ及び平沢から栄美小学校に提供されたオリジナル動画[37]（以下、「オリジナル動画」と略記）を教材として用いた。また、本時のねらいとして、「偏見や差別に惑わされることなく、社会正義の実現に努めようとする心情を育てる」を設定した。

導入において、新型コロナウイルス感染症の拡大を踏まえ、平沢が逸早く自ら発信した東村山市でのメッセージを提示し、その背景や意図を考える話合いを行った後、オリジナル動画を視聴した。以下にオリジナル動画の平沢の「語り」を文字に起こした全文を掲げよう（傍線と記号は筆者による）。

栄美小学校6年生の皆様、こんにちは、平沢保治です。先般あなた方の学校の校長先生が私のところに見えられ、あなた方がコロナの苦しい状況の中で、ハンセン病問題を勉強していることを知り、大変励ましを受けましたa。ハンセン病は治る病気になっても、私たちはふるさとへ帰ることも、親に会うこともできないような差別bが生まれています。コロナの問題も、そういうところがありますc。だからコロナのことについても一生懸命勉強し、そして手をよく洗い、うがいをし、マスクをかけ、そして人と近付かなければ、絶対に感染することはないのですから、それをして下さい。私の願いは命を大切にすること、一度だけ親からもらった命だからです。2つ目は、「ありがとう」と言える人間になることです。感謝の気持ちこそ、そこに本当の愛が生まれるからです。この二つの考えに立って、夢と希望を持つことですd。あなた方は夢と希望を持っていますか。私は来年のオリンピックには、聖火ランナーとして走るということが決まっています。その夢と希望を果たすために93歳になりますけれども、今、一日一日を努力しています。どうか皆さん、ハンセン病で80年間生きてきた私が、こんなことを言うと笑うかもしれませんけれども、人間は命こそ生きること、これが大切です。そこに真の喜びが湧いてきます。苦しみは歓びをつくるからです。どうか私に負けないで、頑張らなくてもいいから努力して下さいe。普通にして、普通のところに真の喜びが湧いてきます。

② 実践Ⅰの概要（終末）

オリジナル動画を視聴した後、終末の学習として、児童は、平沢に返信する動画メッセージを録画する際に用いる「キーワードメモ」を作成した。

この「キーワードメモ」とは、話すためのメモである。児童は、原稿を読み上げることなく、このキーワードを手掛かりに話すのである。自身の想いや伝えたいことを象徴的に表す「キーワードメモ」であれば、要旨を変えることなく、聴き手の反応やその場の状況に応じて、柔軟に話すことができるようになるからである。

③　実践Iの成果

児童は、オリジナル動画の存在を知り、「マジすごい」とつぶやきながら、食い入るように画面を見つめていた。そして、このような平沢のメッセージに応えようと、同校の第6学年2学級の児童47名が、平沢に伝えたいことを象徴的に表すキーワードを考えた。上位5位までのキーワードは、1位「感謝（ありがとう）（7名）」、2位「夢・あきらめない心・努力（各4名）」、5位「命・希望（各3名）」であった。以下に、1位の「感謝（ありがとう）」のキーワードを選んだ児童二人の音声メッセージを文字化したものを紹介しよう。

【児童β】

初めまして、僕が伝えたい気持ちは4つあります。

1つ目は努力してつないだ命です。僕は家族からもらった命を大切にしています。平沢さんも大切にしていてすごいと思いました。

2つ目は諦めない気持ちです。平沢さんはハンセン病になってどんなに差別をされても諦めませんでした。その気持ちがすごいと思ったからです。

3つ目は自慢です。平沢さんはハンセン病になって手や足、口を不自由にしたけれども、それを自慢と思って、よいほうに考えているからです。

4つ目は治してくれた人への感謝です。僕はよく胃腸炎になります。ですが、感謝の仕方がまだまだ分かりません。平沢さんは治してくれた人への感謝がとてもできていて、すごいと思いました。平沢さんの話を聞いて、僕も諦めない気持ちや、努力してつないだ命、自慢、治してくれた人への感謝を前向きに見て頑張っていきたいと思います。ビデオメッセージをありがとうございました。

【児童γ】

こんにちは。平沢さんが講演会や資料館を諦めて行わなかったら、私はハンセン病のことを知りませんでした。この間は、メッセージをありがとうございます。私は平沢さんのおかげでもっとハンセン病やいろいろな病気について調べようと思いました。今は友達と一緒にポスターを作って完成させました。ポスターにはたくさん平沢さんのことを載せました。ハンセン病についてもっと知ろうと思ったのは平沢さんのおかげです。ありがとうございます。

（傍線は筆者による）

二人の児童のビデオメッセージは、話し言葉を文字化しているため、言葉の選択、取り上げる内容の構成・順序等に改善の余地はあるが、各々の児童の想いは伝わってくる。それぞれの児童のメッセージを考察してみよう。

【児童β】

βは、「命」、「諦めない気持ち」、「自慢」、「感謝」の4点を挙げ、「すごい」を多用しながら、平沢への感謝の気持ちを表現していた。βのこの感謝の気持ちが今後いかなる態度や行動に結び付くかを明らかにすることはできないが、平沢の言葉や体験を自分の生活に照射し、平沢との共通点を意識しつつ、自分の今後の課題も理解している。人権教育の「局面B（当事者意識）」に至っていると判断できよう。

【児童γ】

他方、γが選んだ「感謝」の意味合いは異なる。道徳科授業の直後から、ハンセン病のことを一人でも多くの人に知ってもらおうと、啓発ポスターの作成に着手した児童である。γは、当初は市役所にポスターを掲出することを発想していた。その後、γは作成したポスターの内容は、まず小学生自身に理解すべきものであると認識し、ポスター掲出の場所を学校内の職員室前と判断している。

平沢の「語り」から、感染症を正しく理解することの大切さ、理解したことを多くの人に伝えようとする行動力、これからも学びを続けていく前向きな姿勢が形となり、人権教育の「局面C（態度変容・行動）」にいくらかでも至っていることが分かる。

④　平沢の「語り」の特長の再確認

平沢の「語り」の特長については、筆者らが主張する「共生志向」、「未来志向」、「創造志向」があり、また、J. ウィーマンのコミュニケーションの5局面（92頁）に基づき分析を行ってきた。これらを踏まえながら、東村山市の児童生徒に対するメッセージと栄美小児童へのメッセージを比較する。二つのメッセージを**表3－6**に示し、平沢の「語り」の特長を再確認してみよう。（下線と記号は筆者が付記）

冒頭部分については、東村山のメッセージでは、平沢には既に児童生徒の交流・面識等があることから、すぐさま子どもたちの日常に触れている。それに対し、栄美小のメッセージのａ「先般あなた方の学校の校長先生が私のところに見えられ、あなた方がコロナの苦しい状況の中で、ハンセン病問題を勉強していることを知り、大変励ま

表 3-6　東村山市の児童生徒と栄美小学校の第６学年児童に対するメッセージの比較

東村山市の児童生徒に対するメッセージ（文書）「東村山のメッセージ」と略記	栄美小学校第 6学年児童に対するメッセージ（動画）「栄美小のメッセージ」と略記
学校が休みで毎日どうしていますか？それぞれが、宿題やテレビやゲームなどに過ごされていると思います。 でも、新型コロナウイルスには人間は絶対に負けません①。	先般あなた方の学校の校長先生が私のところに見えられ、あなた方がコロナの苦しい状況の中で、ハンセン病問題を勉強していることを知り、大変励ましを受けましたａ。 ハンセン病は治る病気になっても、私たちはふるさとへ帰ることも、親に会うこともできないような差別ｂが生まれています。コロナの問題も、そういうところがありますｃ。
手を洗い、うがいをし、マスクをかけ、大勢のひとがあつまる所に出かけない事が新型コロナウイルスにとって一番怖いことですし、治療薬やワクチンも作られる事は間違いありません②。	だからコロナのことについても一生懸命勉強し、そして手をよく洗い、うがいをし、マスクをかけ、そして人と近付かなければ、絶対に感染することはないのですから、それをして下さい。
私はハンセン病のために68年間、らい予防法という法律に縛られて柊の 11万坪の中に閉じ込められていましたが、資料館をつくり、講演会などを行い、公然と社会に出られ、家にも帰れるようになりました。それに比べれば、新型コロナウイルスはまだわずかな時間しかたっておりません③。でも、油断は禁物です。病気とは自分自身との戦いです。 自分に打ち勝って学校にも早く戻り、サッカーや野球やテニスなど、いろいろなスポーツや遊びもできるようにいたしましょう。	私の願いは命を大切にすること、一度だけ親からもらった命だからです。２つ目は「ありがとう」と言える人間になることです。感謝の気持ちこそ、そこに本当の愛が生まれるからです。この二つの考えに立って夢と希望を持つことですｄ。 （中略：平沢には、オリンピックの聖火ランナーとして走る夢がある。この夢を実現するために、一日一日を努力している。）
家にこもりがちな皆さん。元気を出して、耐え抜きましょう。 私たちには明日があり、未来があります④。	どうか皆さん、ハンセン病で 80年間生きてきた私が、こんなことを言うと笑うかもしれませんけれども、人間は命こそ生きること、これが大切です。そこに真の喜びが湧いてきます。苦しみは歓びをつくるからです。 どうか私に負けないで、頑張らなくてもいいから努力してくださいｅ。普通にして、普通のところに真の喜びが湧いてきます。

しを受けました」では、平沢が初めて出会う児童に配慮し、この日に至るまでの経緯を説明している。中でも「励ましを受ける」という言葉からは、栄美小の子どもたちの存在や学びを尊重する平沢の姿勢が読み取れる。

これまで、筆者は「平沢のメッセージには、偏見や差別の文字はない」と述べてきたが、栄美小のメッセージでは、bで「差別」の言葉が用いられている。これは、コロナ禍にある社会情勢を踏まえ、栄美小学校の「子どもたちを偏見や差別の問題に向き合わせたい」との研究の趣旨・意図を理解した上での発言である。さらに、cの「コロナの問題も、そういうところがあります」とは、新型コロナウイルス感染症の患者及びその医療関係者等に対する忌避や排除が頻発している実態を踏まえ「差別」という言葉を用いているのだろう。

視点は変わるが、dの「この二つの考えに立って、夢と希望を持つこと」に含まれる生命・感謝・夢・希望は、平沢が常に各所で語っている「三つの約束[38]」に直結する内容である。これらのことから、平沢が信念を持って子どもたちに向き合っていることが分かる。eの「頑張らなくてもいいから努力してください」に至っては、将来に向けて種撒きをする平沢の「未来志向」及びコミュニケーションの5局面のうち、「④behavioral flexibility：柔軟な行動をとれること」が当てはまるであろう。

以上のことから、平沢の「語り」の根本は終始一貫している。その上でさらに、社会情勢や「聴き手」の状況等に応じて、「語り」の内容には工夫が加えられていることが明らかになった。平沢の「語り」が多くの人から支持されている所以であろう。

⑤　実践Ⅰの課題

栄美小学校の児童が選択したキーワードはどれも前向きかつ肯定的なものばかりで、「偏見」、「差別」に類するものはなかった。しかし、ビデオメッセージの内容には、「平沢は偏見や差別と闘った人」というイメージで語られた表現も少なからず認められた。

児童が、総合的な学習の時間を通して、偏見や差別に関する知識や情報を必要以上に取り入れ、それらが固定化してしまうと、平沢の「語り」に含まれる未来志向のメッセージを受け止めきれず、「差別はいけない、人権を守ろう」といった通り一遍の言葉を繰り返すようになる。今後の課題として、事前学習の在り方を改善することが挙げられる。

(2)　道徳科　第6学年の実践Ⅱ

「未来の小学生にメッセージを送ろう―平沢保治さんの後を受けついで―」

①　実践Ⅱの概要（導入・展開）

実践Ⅰに続き、授業実践はさらに次の段階へと発展する。主題名は「社会正義の態度（C‐13）」である。取り上げた内容項目は実践Ⅰと同様だが、学びの視点を世界へと広げ、日本を含む世界各地の「Clap for Carers」の動画を教材として用いた。この授業のねらいとして「新型コロナウイルス感染症に関わる患者、医療関係者等に対して、偏見や差別意識を持つことなく公正・公平に接する態度を育む」が設定された。

導入では、新型コロナウイルス感染症等に関わる偏見や差別をなくすために日本や世界の国々、地域等で行われている「Clap for Carers」という「拍手で感謝の気持ちを伝える活動」が紹介された。

展開では、この活動の背景にある考え方及びこの取組が世界規模のつながりをもって進められている意義について話し合いを行った。ハンセン病及び新型コロナウイルス感染症等にまつわる忌避や排除といった過ちを繰り返すことのないよう、将来発生することが予測される新たな感染症の出現に備え、未来の小学生に送るメッセージを考える学習活動へと繋げていった。

②　実践Ⅱの概要（終末）

終末には、愛媛の有志が創設した「シトラスリボンプロジェクト」を紹介した。シトラス色のリボンが作る三つの輪は、地域と家庭と職場（学校）を表している。安心して検査を受け、感染しても治療後は笑顔で戻ることができる地域、暮らしやすい社会の実現を目指す運動である。感染症の問題を自分事として受け止め、実際の行動に移す意義を体感できるよう、道徳科の授業終了後に、シトラスリボン作りにも取り組んでいる。

③　実践Ⅱの成果

中学進学を目前に控えたこの時期の6年生に対し、大人になった自分が、未来の小学生に語りかける設定を試み、児童の一人から次のような考えを引き出すことができた。

＜24歳の自分から、その時代の小学生へ＞
今から12年位前、コロナウイルスっていう感染する病気が流行って、色々な人が感染したんだ。でもある人からいい言葉をもらったんだ。その人は「コロナなんかに人間は絶対に負けない！」って言ったんだ。だからみんなもコロナウイルスみたいな病気が流行ったら、この言葉を思い出して、頑張って‼　人間は病気なんかに絶対に負けないから。そして、偏見や差別は絶対にしないでね。そして、今生きているということを幸せに思って生活してください。

12年後に24歳になった自分が、新たな感染症に立ち向かわなければならない未来の小学生に宛てたメッセージは、一人ひとりの「沈黙」の後、「書く活動」に取り組んだ学習の成果である。「今生きているということを幸せに思って生活してください」の一文から、若松（2021）の「人は誰も、他者のために書くという動機のもとに書き始め、ついには己の心の深みにあるものと出会う」の一節が思い起こされる。未来の小学生に書いたつもりでも、実はコロナ禍に生きる自分、そして未来の社会を担う自分に宛てたメッセージを記したものと解釈できよう。

そして「Clap for Carers」を取り上げたことにより、人権課題を解決するためには、世界規模の取組が必要であるとの気付きを促せた。中学進学を目前に控えたこの時期の6年生が抱いた上記の発想は、「人権教育の3つの局面ABC」に照らし合わせれば、「局面A（知育）」から「局面B（当事者意識）」に移行する段階にあると考えられる。「局面C（態度変容・行動）」には至らなかったが、「今生きているということを幸せに思って生活してください」との記述は、平沢の「私たちには明日があり、未来がありわます」を彷彿とさせる。禁止抑制型の表面的人権学習から、肯定共生型の前向きな人権学習への転換が生じているものと評価できるだろう。

④　実践Ⅱの課題

現実の社会は、未来像を描き難い混沌とした状況にある。それだけに、10～20年後の自分をイメージし、学習を通して得た学びを記す課題は、児童の発達段階を超えたものであり、先述のような内容を記すことができたのは少数であった。今後は、カリキュラムマネジメントの視点からキャリア教育との関連を図り、児童が自身の将来像を想い描けるような学習活動を目指し、指導の工夫が図られる方策を検討したい。

⑤　実践Ⅰ及びⅡを通して得られた指導上の留意点

2回の実践を通して明らかになった指導上の留意点として、以下の3点を挙げる。

ア　事前指導のポイント

「語り」に出会う前に、偏った物の見方・考え方に陥ることのないよう、社会科・総合的な学習の時間などを通して、基本的で正しい知識・情報を身に付けられるようにする。

イ　「語り」に向き合う「聴き手」の姿勢

「聴き手」は「語り」に向き合っている最中には、先入観を持つことなく「真っ白な心」で受け止めるようにする。そのためには、「語り部」の視線や仕草、表情等にも目を凝らして傾聴するよう指導する。

ウ　「沈黙」の時間を保障する

「語り」の後には、自分自身に問いかける時間として2〜3分程度を設け、一人ひとりに「沈黙」を保障する。この「沈黙」を通して、子どもが自身の内面を振り返る時間を持つことが可能となる。一人ひとりの「沈黙」が集合体となれば、学級全体に先述の「価値ある静寂」が満ちるであろう。

⑥　今後の課題

「語り」教材化の実現に向けて乗り越えるべき課題として、以下の3点を挙げる。

ア　指導者自らが「聴き手」となる経験を持つ

「語り部」に関わる基礎的・基本的情報を収集し理解しておく。その上で、当該「語り部」の「語り」を直接の対面で「聴く」ことを推奨する。直接の対面が難しい場合には、講演の記録動画等を視聴する。「語り」が、自分の心情や意識にどのような変化をもたらすのか、児童生徒よりも前に体験しておく。

イ　「語り部」との関係性を構築する

「語り部」本人に面談を依頼し、授業のねらいや講演会前後の学習内容を伝える。たとえ短時間であっても、直接対面して言葉を交わすことを推奨する。止むを得ず対面が叶わない場合には、オンライン等を利用する。互いの表情を確かめ合いながら声による直接の対面は、人間関係の構築につながるからである。「語り部」との出会いは、教師にとっても「教材化のための着想」を豊かにする可能性を広げていく。さらに、資料館のように「語り部」に関連のある博物館等がある場合には、直接の対面を果たす前に見学を済ませておきたい。

ウ　「語り部」に子どもの実態を伝える

「語り部」に対して、日々の学習や学校行事等を通して得られた喜びや成長の姿を写真や映像等を交えて情報として提供する。それと同時に、いじめや不登校、虐待の問題など子どもたちを取り巻く状況や課題を伝える。生きていく上で、誰もが問題を抱え思い悩むことがあり、それは、人生経験の浅い児童生徒であっても大人と変わることはない。それが「語り部」の「語り」によって触発され浮揚する場面や瞬間があるはずである。それを察知し呼応・共感できるのが、多様な体験を通して人権の重要性を常に味わってきた「語り部」であろう。言い換えれば、受苦の当事者である「語り部」と同等の体験を持ち得ない子どもであっても「語り部」から発せられるメッセージを察知し呼応・共感できれば、これまでにない学びを得ることができるであろう。

3.　「多元複合的実践法」の創造に向けて

従来のハンセン病患者・回復者への差別や現在のコロナ感染者や医療従事者の排除にしても、性的マイノリティや障がい者、外国人・異民族に対する差別にしても、現代社会では「人権」への関心が多様な分野で大きくなっているだけに、人権教育の重要性は高まっている。

ところが、人権教育という教科はなく教科書もない。確かに、道徳科や総合的学習の時間で人権を取り上げることはでき、国語科や社会科などで部分的に触れることはできるにしても、やはり人権教育に関して正面から取り組む必要を現代社会は要請していると考える。

そこで、人権教育の再構築を「多元複合的実践法」と名付ける方法で提起したい。この実践法は、本章で取り上げた栄美小学校の実践を通して明らかになった成果の活用と課題の克服、さらには指導上の留意点の実現を含有する実践法でもある。「多元複合的実践法」による教育活動を展開することにより、「語り部」の「語り」の力を生かした人権教育を再構築することが可能となろう。「多元複合的実践法」の具体については、終章第三節「カリキュラムマネジメントにより創出する人権教育」において詳述する。

コラム　**人権教育を通して育まれる力「大人は、今頃、何しているんだろう?」**

平成15（2003）年、熊本県黒川温泉のあるホテルが、療養所入所者の宿泊を拒否しました。一連の事件は「黒川温泉事件」と呼ばれています。「ハンセン病の元患者は宿泊させることはできない」、「他の宿泊客に迷惑がかかる」と、ホテルが宿泊拒否をしたことが全国的に報道されることとなりました。「今頃になって、大人たちは何しているんだろう?」これは、ハンセン病について学んでいる小学生のつぶやきです。ハンセン病に関わる正しい知識や情報を得て、学びを深めている子どもたちは「入所者の方たちが楽しみにしていた温泉旅行を受け入れるのはごく自然なこと、間違った認識に基づき『宿泊拒否』してしまったのなら謝罪するのは当然」と考えていました。しかし実際には、謝罪を求めた入所者の方々が暮らす療養所に、誹謗中傷の電話や手紙が送られるなど、子どもたちには理解不能な状況が明らかになりました。無知・無理解な大人の姿に子どもたちは呆れてしまいました。

【参考】恵楓園歴史資料館 https://www.keifuen-history-museum.jp/shukuhakukyohi-jiken.html

37　オリジナル動画とは、授業実施前に校長等が全生園を訪問し、平沢との対面を果たした際に、平沢が本校に対して提供することを約束したものである。

38　「夢と希望を持つこと」、「『ありがとう』と言える人になること」、「親から頂いた命を絶対に粗末にしないこと」という普遍的かつ肯定的な内容。

第四章　多様な現代の「語り部」とその育成

「語り部の育成については、先行きは見通せない」（田村、２０２０）などと継承者育成問題に悲観的な見解が示される一方、沖縄・広島・長崎等においては、戦争・被爆体験に関する継承の取組が進められ、若い世代の「語り部」が当事者とは異なる視点から「語り」を受け継ぎ、新たな局面を創造している。

そこで本章では、各地域の「語り部」育成の特色を明らかにし、「語り部」及び「語り」の将来について論じていきたい。

第一節　人権教育に関わる多様な現代の「語り部」

1.「過去に生きた特別な職掌の人びと」から「現代の歴史の証人」へ

「語り部」は「過去に生きた特別な職掌の人びと」（川松２０１８）と捉えられ、文字文書が未確立の古代では、「語り部」は王権の正当性を伝える重要な役目を果たした。その後も、王権の古い伝承を語り伝え、宮廷の儀式で奏上するという特定の職能をもって朝廷に仕えた人々の集団を指していた。

時代が下り、文字や文書が中心の現代になると、あえて体験者が自らの肉声で語ることで事実を伝え、「歴史の証人」となる人々が逆に注目されるようになる。それが「現代に生き、語り伝える人」としての新たな「語り部」である。

岩本（２０２０、１－２頁）によれば、従来から「語り」を研究対象として取り上げてきた民俗学・民族誌学に加え、現在では社会学・心理学・歴史学でも「語り」が注目されるようになり、さらには社会福祉学や看護学といった分野では対人支援の実践にも活用されていると言われる。

確かに昔話や地域文化などの「語り」が幅広く注目され、具体例として、世界遺産（大澤・江本、２００６）や民話（佐藤、２０１３）、町工場（森、１９９４）などが挙げられる。さらに、次世代への継承を含む民俗学的視点から総合的に洞察したものとして川松（２０１８）の論考がある。また、制度化された「語り部」については関（２０１６、２０８頁）の「被害者の社会的承認と修復的ポリティクスとしての『対話』」も挙げられる。

教育学の一領域である人権教育における現代「語り部」の意義と実践的課題の検討及びそれにつながる研究としては、大石（２０１８）が、広島・長崎・沖縄3県での事例を取り上げ次世代型の平和教育について触れている。

その他にも、戦争体験として、体験者との共同作業を繰り返すことで非体験者が〈当事者性〉を獲得した「語り」（屋嘉比２００９、iv頁）、空襲が原因で障がい者となった者たちの戦後の在り様を伝える「語り」（全国戦災障害者連合会、１９７５）が挙げられる。

また、被爆体験としては、高山（２００８、51頁）が戦後の時間経過とともに被爆体験をめぐる継承観の変遷が「語り」に与える変化について指摘し、上間（２０１２、51頁）が「原爆の図」をめぐる丸木夫妻の一人称での「語り」の在り方に言及している。さらに、吉田（２００６）は、原爆の「語り部」である安井幸子氏（以下「安井」と略記）の存在に注目している。安井は「被爆体験を語る」とは相互伝達でなければならないとのこだわりを持つ「語り部」である。吉田は、安井の「語り」のスタイルをコミュニケーションの視点から分析し、「『一方的な伝達（one way communication）』になる傾向がある語りが、『相互伝達（mutual communication）』となることによって、話し手の話す内容が聴く者に理解され、『不完全なコミュニケーション（imperfect communication）』の状態から『完全なコミュニケーション（perfect communication）』が成立するのである」と指摘している。さらに、深谷（2011／2018、219頁）は、「語り」の限界を認識した上で「声やモノ」の力[39]に着目している。

また、水俣病を対象に、池田（2015）が次世代の語り部育成問題を取り上げている。池田は、偏見や差別の見えにくさ・分かりにくさを指摘（2014a、163頁）・（2014b）するとともにパターン化に陥りやすい「声の文化」の保守性を克服する一つの手段として対話形式を提案している（2013b）。水俣病以外の公害病としては、四日市市の事例を取り上げた論考（高、2011）が挙げられる。

このように、戦争・原爆・公害病など、それぞれ被った禍は異なるものの、「生と死の境をさまよい歩く体験」や「偏見や差別に晒された体験」を語り継ぐという点では共通している。それだけに、世界で唯一の被爆国である日本の原爆の投下地、つまり広島・長崎の被爆体験の「語り」や、日本で唯一直接的な戦場となった沖縄の「ひめゆり部隊」に関わる「語り」に着目すれば、「体験者の持つリアリティーに迫る理解・共感可能な学習」（外池、2013）の重要性が浮かび上がる。

そこで、現代の「語り部」の意義について、「当事者だけが表現し得るリアリティー」と「『語り部』と『聴き手』の関係性」の2点から検討したい。

2. 当事者だけが表現し得るリアリティー

現代の「語り部」と呼ばれる人々は、戦争・原爆による被災や感染症の罹患により、本来ならばその辛苦や悲痛の体験を労わられ、守られるべき存在であろう。しかしながら、その被害の痛ましさや後遺症から、「被差別」の立場に置かれる場合があり、結果として苦痛に満ちた「受苦」の「体験」を語り続けなければならないという点で共通する。当事者でなければとうてい経験し得ない特別の「語り部」だからこそ生み出すことができる「語り」には、リアリティーを持って人々の思考や行動に働きかける「力」が備わっているのである。

その象徴的な存在として、広島・長崎の「語り部」が挙げられる。国連事務総長A.グテーレス氏は、2017年8月6日の広島の平和式典に寄せたメッセージの中で「核兵器廃絶を目指す世界的な運動に貢献する被爆者の存在」を高く評価している。「Hibakushas」の「語り」が、「核兵器禁止条約」採択の実現に寄与している事実から、被爆の「当事者だけが表現し得るリアリティー」から学ぶ可能性と希少性を確かめることができよう。

3.「語り部」と「聴き手」の関係性をめぐって

しかし一方では、「語り部」と「聴き手」の関係性によっては、先のような成果は生まれず、むしろいくつかの課題が明らかになる場合がある。筆者の経験を含め2つの事例を報告しよう。

＜事例1＞

第1は、2018年度A市の「子ども被爆地派遣事業（広島）」に筆者が同行[40]した際の小中学生の事例である。派遣団の子どもたちは原爆資料館での「語り」に触発され、自ら核兵器廃絶のための署名をするまでに意識を高めていた。ところが、その帰り道に交わされる子ども同士の会話には、学校でのいじめの内容などが無造作に含まれているのである。「核兵器反対」という世界正義を唱えることはできても、身近な日常生活での人権侵害には無頓着という自己矛盾に、子どもたちは気付いていないのである。つまり、「語り」が及ぼす影響力の範囲はあくまでも一時的・一面的なものであり、その効果を持続・拡大していくためには、さらなる指導の工夫や「聴き手」自身による学びの積み重ねが必要なのである。

〈事例２〉

第２は、２０１４年５月に、修学旅行で長崎市を訪れた中学校３年生の男子生徒５人が被爆体験を語る「語り部」に対して「死に損ない」などと暴言を吐いたとして、新聞等で取り上げられた事例である[41]。この事例について、須賀（２０１６）は、「『学ばせられる』ことの常態化した生徒らにとって、突然、『学ぶ』ことを強制されても、抵抗感しか生まれてこない」と指摘し、深谷（２０１８、２１８頁）は「被爆から70年以上が経過した現代において、それ以前に成立していた記憶の語り継ぎ場面を確保することが難しくなっていることがある。これは生活の文脈と身体化された記憶の共鳴が語り手（被爆者）と受け手の中で、成立しなくなっている」と述べている。その後、当該校の校長が謝罪し、被爆者団体の関係者は「自ら学ぼうという気持ちが足りなかったのでは。事前学習を含めた学ぶ姿勢が大切」と話しているという[42]。このような学校と被爆者団体との間には、相容れることのない一線が引かれているように見える。

コラム　現代の多様な「語り部」

平成23（２０１１）年の東日本大震災で家族を亡くした若い世代が、震災の体験や記憶を語り継ごうと活動しています。永沼悠斗さんは、小学2年生の弟、祖母、曽祖母を津波で亡くしました。永沼さんは自分が生かされた意味を考え、震災から5年後、大学生の時に「語り部」として活動を始めます。その後、同世代の仲間が、就職等を契機に活動から離れていっても、永沼さんは自身の「ライフワーク」として人との関わりを自ら求め、語り部活動を続けています。

一方で「阪神・淡路大震災を経験していなくても伝えていくことはできる」と語るのは、働きながら語り部活動を行う藤原祐弥さんです。藤原さんが代表を務める「1・17希望の架け橋」は、震災の体験風化の危機感から立ち上がりました。震災を知らない世代だからこそできること、今自分たちが為すべきことを考え、阪神・淡路大震災の記憶を若者から若者へと繋げています。

【参考】ＮＨＫ みんなでプラス 大震災と子どもたち「災害や戦争を語り続けたいけれど…」仕事との両立に悩む20代の語り部たち

日本経済新聞　震災知らぬ世代、つなぐ被災体験　阪神大震災27年2022年1月17日

39　深谷は、「モノに触れて、見ることによって、私たちは記憶を想起することができる。そして、モノは、継承することを可能にする基盤となるのである。」と述べている。

40　A市は非核平和都市宣言に則り、次世代への平和継承の取組として「子ども被爆地（広島）派遣事業」を実施している。２０１８年度は、８月５日～７日にA市内の小・中学生を広島に派遣した。筆者と学生２名がこの事業を支援する立場で派遣に同行した。

41　２０１４年６月７日付朝日新聞「修学旅行生、被爆者に暴言」

42　２０１４年６月８日付朝日新聞「長崎被爆者に中３暴言　横浜からの修学旅行生」

第二節　次世代「語り部」の育成

戦後78年が経過した今、直接の体験を持つ「語り部」から話を聴く機会は、減少の一途である。何らかの対策なくして時間だけが経過すれば、このような機会が途絶える可能性は大きい。

多様な「受苦」の体験を持つ「語り部」はすでに高齢化し、人々が忘れてはならない体験を次世代に継承することは全国各地で喫緊の課題となっている。そこで、沖縄・広島・長崎での戦争・被爆体験に関する継承の4事例を示したい。大石（2018）は3県での平和教育の事例として取り上げているが、より新しい情報が得られるインターネットを活用し、それらの諸特徴と相違点・共通点を整理したい。

1.「ひめゆり平和祈念資料館」における「語り部」の後継者育成[43]

早い時期から「語り部」の後継者育成に着手したのは、我が国で唯一直接の戦場となった沖縄の「ひめゆり平和祈念資料館」である。2005年、同館では戦争体験の「語り」を引き継ぐ存在として「説明員」の採用を開始した。「説明員」は、学芸課に所属する専門職であり、文献資料からの基礎的知識の習得に加え、戦争の体験者である「証言員」と日常的に関わりを持ち、その「語り」を継承する役目も引き受けている。

2005年に採用された第1号の「説明員」は、当時の大学院生でひめゆり学徒隊に関する新聞報道について研究していたことから、白羽の矢が立った。「学生時代に元館長[44]から『資料館の応援団になってちょうだいね』と言われ、何をしたらいいのかとずっと考えていました。関心を持って学んだことが生かせる仕事に就けるとは思っていなかったので、とてもありがたかった」と「説明員」は振り返っている。

２０１５年3月に館内展示室における戦争体験者の「語り部」が講話を終えるまでの約10年間、「説明員」は、元学徒と一緒に活動する中で、「証言員」の体験と思いを蓄積し、自身の財産として身に付けていった。その経験を「証言員のみなさんの表現や考えで不思議に思ったことは、何度も質問しました。一つ一つ丁寧に答えてくださったみなさんの言葉と姿勢が、私たちの財産になっています」と語っている。

2.　被爆地広島における「語り部」の後継者育成「被爆体験伝承者[45]」

国立広島原爆死没者追悼平和祈念館を拠点に、被爆者の体験や平和への思いを次世代に語り継ぐため、「被爆体験伝承者」、「被爆体験証言者（被爆者本人）」、「被爆体験記朗読ボランティア」を全国に無料で派遣する「被爆体験伝承者等派遣事業」が展開されている。

２０１２年度に始まった「被爆体験伝承者」の育成は、２０２０年度で9期生となった。新聞報道によれば、２０２０年度の応募者は42名で、この養成制度を経て活動している「伝承者」は１５０人である。養成期間を3年とする広島市の研修内容のポイントは、「証言者」と「伝承候補者」のマッチング、及び「証言者」から「伝承候補者」への被爆体験等の伝授及び認定を行うところにある。

なお、「伝承者」と同時募集の自らの体験を語る「被爆体験証言者」は、２０１８年度には45人登録していた者が、２０１９年度の37人と、減少傾向が続いている。その結果、活動中の「被爆体験証言者」は19人で、その平均年齢は85・55歳となってしまった。新型コロナウイルス感染症の影響を差し引いたとしても、直接体験をもった「語り部」の急激な減少が明らかになっている。

さらに、２０２２年度からは、この危機的な状況を打開しようと、新たに「家族伝承者」制度[46]が加わった。これは、被爆者の体験を家族が代わりに伝えるもので、新たな証言の掘り起こしにつながることが期待されている。

3.　被爆地広島の「語り部」の後継者育成「ヒロシマ・ピース・ボランティア事業[47]」

広島には「広島平和文化センター」が実施する「平和と交流」事業に「ヒロシマ・ピース・ボランティア事業」が位置付けられている。同センターの事業報告によれば、この事業は被爆体験を持たない市民も含め、市民参加による被爆体験の継承活動を推進していくことを目的とし、１９９９年度から、広島平和記念資料館の展示解説及び平和記念公園内の慰霊碑等の移動解説を担っている。

２０１９年度は3年ぶりに新人募集を実施し、所定の研修と実習を修了した46名を新たにボランティアとして迎えた。２０２０年7月1日現在、「ヒロシマ・ピース・ボランティア」の登録者数は２３５人[48]となっている。

外池（２０１３）は「被爆体験伝承者」と「ヒロシマ・ピース・ボランティア」を比較し、その特徴は対照的であると評価している。「被爆体験伝承者」の研修が、被爆体験の「語り」そのものを継承しようと研修を積み重ねるのに対し、ヒロシマ・ピース・ボランティアの新人研修は、参加者が受講する多様な研修により、いわば「語り」が再構成されることを狙いとしていると論じる。同じ広島の地において、次代を担う後継者の育成という同じ方向の事業であっても視点が異なれば､その具体的な方策は変化する。このことを踏まえると､直接的な体験を持つ「語り部」と関わることが難しい状況になっても、正確かつ多様な情報や知識を総合的に身に付けることで、その人なりの「語り」を再構成できるという発想が参考となるだろう。

4. 長崎における「被爆体験伝承者等派遣事業[49]」

長崎においては、２０１９年度から長崎市の委託を受けた「公益財団長崎平和推進協会」が家族・交流者等に関わる事業を推進している。この事業は被爆者が高齢化し、直接本人から被爆体験を聴く機会が少なくなっているなかで、被爆者の家族や交流のある者が、被爆体験の継承に大きな役割を果たすと考え、２０１４年度・２０１５年度には「家族証言者」を、２０１６年度からはさらに家族以外の者を「交流証言者」として募集し現在に至っている。

この交流証言者の募集は、随時行われており、例えば東京在住でも応募することは可能である。そして、交流証言者となるためには、長崎での被爆体験のある個人と関係性を構築しその体験の聞き取りを行い、そこから得られた情報等を基に「語り部」活動を行うための原稿及び提示資料等を作成する。具体的には、初めて長崎の地を訪れる小学校6年生が理解できるような原稿（30分、７、０００字程度）、さらに必須ではないがPowerPoint の作成が一般的である。

その後、原爆資料館の内部組織である審査会において、作成物等の審査・承認を得た後、所定の経験を積む。長崎の原爆資料館で3回以上交流証言者としての活動を行う。こうして初めて交流証言者としての「語り部」活動が行えるようになる。この段階になると、長崎平和推進協会のホームページに「交流証言者」として公表される。

具体例として、第二章第一節で取り上げた山脇には、「交流証言者」が数名おり、その中の一人が松野世菜氏（以下、「松野」と略記）である。松野は、高校3年の5月に「語り部」への第一歩を踏み出し、山脇との半年間にわたる交流を経て、大学1年の時に「交流証言者」としての活動を開始した。

その山脇と松野が連れ立ち、小学校での「語り部」活動に臨もうとする二人の写真が新聞[50]に掲載されている。一歩後ろを歩く山脇に話しかけようと、笑顔で振り向く松野とそれを穏やかな表情で受け止める山脇。その一瞬を切り取った映像から、二人の間に結ばれた信頼感が漂ってくるようである。この山脇・松野は、これからの「語り部」育成問題を考える際のモデルとして、意義深い存在であると言えよう。

5.「語り部」育成活動の分類

以上、沖縄・広島・長崎の3県での4種の「語り部」育成活動を比較すると、体験者との関係性の観点から、「個人・対面型育成」と「知識・情報型育成」の大きく二つに分類することができ、この分類は育成活動の原理の違いを浮き彫りにする。

(1) 個人・対面型育成

「個人・対面型育成」を行っているのが広島の「被爆体験伝承者」、長崎の「交流証言者」、沖縄の「説明員」である。体験を持つ「語り部」と育成される側の関係は、特定の個人（沖縄の場合は複数人）との結び付きがあり、時間的に継続性がある。関係性は「線」として続き、相互交流を続けることにより「語り」の質を高めることができる。

(2) 知識・情報型育成

一方「知識・情報型育成」を行っているのが、「ヒロシマ・ピース・ボランティア」である。直接の経験がある「語り部」との対面・交流は、複数回ある研修プログラムの一部に限られている。研修を通して得られる関係性は「点」ではあるが、その他の歴史的な事実や根拠となる情報を総合的に勘案して、継承者が新たな「語り」を構築していく。直接の経験がある「語り部」の状況が厳しくても、実践可能な育成方法である。

体験の「伝承」という点から言えば、⑴の「個人・対面型」がより望ましいが、難しい育成条件をクリアしなければならない。それに対して⑵の「知識・情報型」は育成が比較的容易で、しかも広範囲に多くの継承者を得られるというメリットがある。各地域の実情に応じて育成方法の工夫が要請されている。ただし、「語り部」の「語り」という本来のスタイル⑴の「個人・対面型育成」のタイプを守るためには、未発掘の「語り部」に登場してもらうなど、様々に新たな挑戦が必要だろう。

コラム　**直接の体験がない「語り部」松野さん**

長崎において被爆体験を持つ山脇さんの「交流証言者」である松野世菜（せいな）さんは、小中学校から平和教育を受け、「自分も何か継承に関わりたい」との思いを持ち続けていました。松野さんは、大学1年の時に「語り部」としてデビューし、各地の小中学校などで山脇さんの体験や思いを代弁しました。松野さんの言葉に一生懸命耳を傾ける子どもたちの姿を見て「体験をしていないからこそ、戦争や原爆を知らない世代にも分かるように伝えられる」と思い、松野さんは被爆者ではない自分が「語り部」となった意義を見出します。直接体験者の高齢化問題は、今や喫緊の社会問題です。令和ひとケタ時代を生きる若者が、原爆や戦争の被害者の直接体験を継承できる最後の世代となるでしょう。

【参考】長崎新聞 2019/08/05 掲載 https://www.nagasaki-np.co.jp/peace_article/37314/

43　沖縄・ひめゆり平和祈念資料館「説明員」：https://fun.okinawatimes.co.jp/columns/life/detail/8511（２０２２年５月３日閲覧）

44　78年前の沖縄戦において「ひめゆり学徒隊」として動員され、ひめゆり平和祈念資料館の館長を務めた本村ツル氏が２０２３年４月７日97歳で逝去。https://www3.nhk.or.jp/news/html/20230410/k10014034201000.html（２０２３年４月21日閲覧）

45　国立広島原爆死没者追悼平和祈念館「被爆体験伝承者等派遣事業」：jigyounaiyou.pdf (hiro-tsuitokinenkan.go.jp)（２０２２年５月３日閲覧）

46　NHKweb 特集「伝えたい家族の体験　立ちはだかる時間の壁」：https://www3.nhk.or.jp/news/html/20220804/k10013748541000.html（２０２２年４月23日閲覧）

47　広島平和祈念資料館「ヒロシマ・ピース・ボランティア事業」：https://https://www.city.hiroshima.lg.jp/site/faq/9553.html（２０２２年５月３日閲覧）

48　２０２３年２月末現在のボランティア登録者数は２１５人である。『令和５年度事業計画書 公益財団法人広島平和文化センター』：https://www.pcf.city.hiroshima.jp/hpcf/about/pdf/r05_keikaku.pdf（２０２３年10月３日閲覧）。

49　国立広島原爆死没者追悼平和祈念館「被爆体験伝承者等派遣事業」：jigyounaiyou.pdf (hiro-tsuitokinenkan.go.jp)（２０２２年５月３日閲覧）

50　長崎新聞（２０１９年８月５日）「８月９日のメッセンジャー　被爆者・山脇佳朗の歩み・４完「後継者」核兵器廃絶 次代に託す」https://www.nagasaki-np.co.jp/peace_article/37314/（２０２２年５月３日閲覧）。

コラム

「ＡＩ語り部」の可能性

戦争や被爆の体験をした方々の高齢化が進むなか、最新の人工知能（ＡＩ）を駆使し、それぞれの体験の伝承を可能とする動きが具体化しています。令和２（２０２０）年、浜松市のＩＴベンチャー企業が、国立長崎原爆死没者追悼平和祈念館から相談を受け、被爆者の「ＡＩ語り部」を試作しました。また、それを契機に同社社長が、「浜松大空襲」の語り部活動に力を入れて取り組んでいる地元の遺族会に働きかけ、「AI語り部」の開発が実現しました。また、広島ではNHKと国立広島原爆死没者追悼平和祈念館が共同で立ち上げた「被爆体験継承プロジェクト」の一環として「被爆証言応答装置」が開発されています。このような長崎・浜松・広島での取組が広まっていけば、いつの時代になっても、語り部と出会い言葉を交わすことが可能になります。「AI語り部」から答えが返ってくる双方向のコミュニケーションは聴き手の自己内対話を促進し、実感を伴う理解へと繋がっていくでしょう。

【参考】静岡県HP　AI（人工知能）を活用した語り部映像　https://www.pref.shizuoka.jp/kenkofukushi/shakaifukushi/senbotsusha/ai_kataribe.html

国際平和拠点ひろしま　あの日の〝記憶〟を永遠に語り継ぐ～AIを駆使した被爆証言応答装置　https://hiroshimaforpeace.com/passing-down-the-memories-of-that-day-to-countless-generations-to-come-an-ai-based-atomic-bomb-testimony-response-device/

第三節　「語り部」と「語り」の将来

ハンセン病に限らず、原爆、空襲、公害など、人権を侵害され痛苦な体験を持つ当事者は多くが高齢化し、その体験をいかに継承していくかが極めて難しい段階に入っている。各地の若者がボランティアで「語り部」を務めるケースも耳にするが、当事者が直接「語り部」を続けていられる残された期間に実現すべきことは「人権を守る継承者」を育てることである。何よりも教師自身が継承者となり、「語り部」と「語り」の将来を保障しなければ人権教育の推進は望めない。

人権教育の創造は、局面A～Cを総合することにあり、行き着くところは様々な「語り部」育成の成否にかかっている。平沢から学んだ「共生志向」、「未来志向」、「創造志向」の3点に留意し「語り部」、「聴き部」の力を有する「語り部」となり得る教師を育成することが、人権教育の充実へとつながっていくはずである。

つまり、人権教育を発展させていくには、コミュニケーション能力を中心に人権教育に関わる資質・能力を兼ね備えた教師の育成が必須であり、その育成は、授業力や児童生徒指導力、学級・学校経営力の基盤ともなるに違いない。その育成のモデルとなり得るのが、今回の栄美小学校における教員研修の在り方である。以下、同校における研修の内容と方法、その留意点等について詳述していこう。

1.「人権教育・啓発3つの局面ＡＢＣ」

筆者は、栄美小学校の教育実践に即して支援及び助言する立場にあったことから、子どもたちを局面Aから局面B、そして局面Cへと導くために、当該校の教員が、**図4－1**（口絵）のとおり、自らに人権啓発を課し変容・成長していく様を見届けてきた。以下にその経過を局面ごとに概観し考察を進めることにより、「語り部」及び「語り」の将来を明らかにするための手がかりを得ていこう。

(1)　局面Ａ（人権課題の正しい理解）

子どもたちを偏見や差別の実態に適切に向き合わせるためには、まず、教師自らが、人権課題に関わる正しい理解や認識を持つことが必要である。

そこで、筆者はハンセン病の回復者である平沢の存在を知らせ、道徳科の教材として取り上げ実践することを提案するとともに、平沢やハンセン病に関わる知識等を得られるよう、ＤＶＤ『未来への虹―僕のおじさんは、ハンセン病―』[51]の視聴を勧めた。

この提案を受けて、栄美小学校では、校内研修の一環として、全教員で映像教材の視聴を行うとともに「人権教育・啓発に関する基本計画」及び厚生労働省が中学生向けに発行しているパンフレット「ハンセン病の向こう側」[52]などの資料を通して、人権課題の理解を深めていったのである。

なお、小学校第6学年社会科の内容には「日本国憲法には、国民の基本的人権は侵すことのできない永久の権利として保障されている」が示されている。この社会科との関連を図ることがより効果的であろうと、道徳科の授業は第6学年で実施することが適当との判断がくだされた。

映像教材『未来への虹』は、全生園を舞台にしていることから、夏季休業日中に全生園及び資料館の見学を全教職員で実施する予定ではあったが、新型コロナウイルス感染症の拡大のため、実施には至らなかった。しかし、この現地に出向き、実際に自身の諸感覚を活用して感じ取ることによって得られる学びは、人権教育推進の成果を左右するものに変わりはないだろう。

(2)　局面Ｂ（当事者意識醸成のための諸準備）

全教職員による見学は叶わないものの、道徳科の授業を実践する第6学年の担任2名（うち1名は研究主任を兼務）と校長の3名（以下、「栄美小学校の教員」と略記）が、資料館及び全生園内の見学を行い、平沢との対面を果たした。

この時点で、第6学年の道徳科の授業には、平沢が東村山市の小中学生に向けたメッセージの教材化を視野に入れており、今回の資料館及び全生園の訪問は、教員研修の一環であると同時に、教材化に向けた着想を得ようとする課題意識に基づくものであった。

東京ドーム7～8個分の面積がある全生園の敷地には、納骨堂、宗教地区、集会所、郵便局、ショッピングセンター等がある。今となっては、この敷地は「広い」かもしれないが、隔離生活を強いられた入所者にとっては、東京ドームがたとえ何個分あろうとも「閉ざされた狭い空間」であったことを、栄美小の教員は体感をもって受け止めていた。

資料館は、１９９６年の「らい予防法」の廃止に伴い、「国が実施する普及啓発活動の一環として、患者・元患者とその家族の名誉回復を図るために、ハンセン病問題に関する正しい知識の普及啓発による偏見・差別の解消を目指す[53]」ことを目的に設置された博物館施設である。その前身は「高松宮記念ハンセン病資料館」と称し、展示物の収集や展示方法、資金調達に至るまで、佐川や平沢など当時の入所者の手によって設立された、いわば手作りの博物館であったと言えよう。君塚（２０１７）は、当該資料館の博物館としての特色を次のように述べている。

「モノ」で伝えようとする展示活動は重要な博物館活動の一つである。しかし、展示資料は実際に語ることはない。「モノ」で伝えきれない史実や思いを、体験者が展示の一部になり、見学者と「対話」し、また「語り部」として講話を通して伝える場を作り、考える場を創造しようとする活動が見られるのは、「負の歴史」の体験者が設立に関わった博物館の大きな特色であろう。

君塚の言葉どおり、展示物が実際に語ることはなく、また、その場に「語り部」の佐川や平沢が存在したわけでもなかったが、事前に映像教材を視聴し、そのメッセージを受け止めてきた栄美小の教員が、一つひとつの展示に見入り感想を交わす姿に新たな授業を創造する兆候を見出すことができた。

君塚（２０１８）は大学生の講義を例に挙げて「講義で『知る』、展示を『見る』、実物を通して新たな知見を『得る』という行為を経て、体験者の『語り』を聴く、空間を『共有する』、あるいは『対話する』という行為そのもの、あるいは一連のプロセスが認識の深化にもつ意味や記憶の『継承』にいかなる意味を持つのか」との問題提起を行っている。

そこで、この提起に、栄美小学校の教員を照らし合わせて考えてみよう。教員研修で『知る』、資料館の展示を『見る』、館内の展示物を通して新たな知見を『得た』教員であれば、平沢の『語り』を聴く、又は、空間を『共有する』、あるいは『対話する』ことにより新たな授業の構想を得ることができるものと筆者は期待を抱いたのである。

この後、栄美小学校の教員は平沢との対面を果たす。短時間ではあったが、平沢と言葉を交わし、現在、栄美小学校の子どもたちが取り組もうとしている内容を伝えることができた。この対面を契機に、平沢から栄美小学校の子どもに宛てた動画メッセージが送られることとなったのは、先にも述べたとおりである。

後日、栄美小学校の教員から、道徳科の授業に加え、総合的な学習の時間においてもハンセン病の問題を取り上げ、そこで、回復者が現在に至るまで歩んできた道のりなど、基本的な知識を得たうえで、道徳科の授業に臨む計画を立案しているとの報告がなされた。現地での直接的な体験、当事者との出会いが、思い描いていた授業構想をさらに豊かなものにしていったことが分かる。

(3)　局面Ｃ（態度変容・行動化の支援）

学習者である子どもが、課題解決のために実現可能な方策を考え実行するためには、教師の支援が欠かせない。栄美小学校の教員の支援として、教科等の枠組みを越え、児童の学習活動を保障した点が挙げられる。

まず、先に紹介した平沢からの栄美小オリジナルメッセージには、動画で応えよう、つまり、音声を伴う映像には、同じ動画で応えようということで、授業以外の時間（休み時間・放課後等）でビデオ撮影を行っている。また、道徳科の授業後に啓発ポスターを作成したいという児童の思いを尊重し、児童の知り得ない場面で担当教員が校長に報告し、事前調整するなどの支援も行っている。

とりわけ、この授業で教師の指導観が試される一つの問いがある。それは、「Clap for Carers」の取組を通して生み出される「拍手の音は本当に医療従事者等に届くのか」というものである。もちろん、物理的に近距離の場からの拍手やこの運動を取り上げたマスコミ等の情報が、医療従事者等の関係者に届けば、その音は、感謝の気持ちと共に伝わっていくだろう。加えて、それ以上に効果を生むのが、拍手の音は、その波動と共に拍手を打つ当人の心に伝わり、その結果の行動変容が医療従事者等へと形を変えて伝わる効果があることを指摘したい。

心や体全体に響く自らの拍手の音や振動には、コロナウイルスの場合を例にとっても、未知な存在に対する不安が生み出す「邪な心」を抑え込む自己抑制の力がある。それと同時に「Clap for Carers」の参加者は、行動を共にする仲間の存在を力に変え、医療従事者に拍手を送り、連帯感を強めていく。一人では成し遂げることができない取組も、仲間の存在があればそれを可能にし、効果を高めることができるのである。

偏見や差別意識は、自分以外の他者の心や、社会の一部で生産されるものではない。全ての人の心の中に巣くうものである。だからこそ、自分が差別の当事者になる可能性を減じ、よりよい社会の実現を目指し仲間との連帯感を高める取組の一つが「Clap for Carers」である。

栄美小学校では、道徳科授業の導入で「Clap for Carers」を、終末には「シトラスリボンプロジェクト」[54]を紹介し、授業後には実際にリボンづくりにも取り組んでいる。他教科との関連を図る可能性のある一連の取組が、児童の人権意識を高める上で、効果的に機能していると言えよう。

2. 実践を通して得られた今後の展望

筆者と共に授業の構想・企画・実践に携わった教師の変容を通して得られた成果等を踏まえ、再び「語り部」と「語り」の将来について考えていこう。

一般に、人権啓発の手法としては、既に啓発物品・資料の作成と配布、講座・研修会・懇談会の実施、人権イベントの開催、人権に関わる作文やシナリオの募集、テレビ等の番組制作などの手法が用いられ、「人権を大切に」、「差別はしない」という意識を高める意味では一定の成果が挙がっているのは確かと言えよう。

加えてそれ以上の成果を求めるには、人権教育において重視する「共に学ぶ視点」を持ち、「主体的・創造的な取組」を実現することが必要となろう。これを実現するための鍵を「共生志向」、「未来志向」、「創造志向」に支えられる平沢の「語り」に求めていこう。

第三章第二節で指摘したように、平沢の「語り」のスタイルの特色は、常に心を開き、相手と同じ土俵に立ち、深い共感を共有しようとするところにある。平沢は、言葉以外の「聴き手」の表情や姿勢などから、その内面の変化を察知し、その場にいる「聴き手」との間に一定のコミュニケーションの成立を可能としている。このような平沢の「語り」を受け継ぎ、「聴き手」とのコミュニケーションを図ることのできる、新たな「語り部」の育成が今後の課題として挙げられる。

そうすると、改めて気付くことがある。一般に、「受苦」の体験者の多くは、またその次世代継承者も受苦の史実と体験についてできるだけ正しく伝えようとするのが「語り」の在り方だと考えるのではないだろうか。ところが、「共生志向」、「未来志向」、「創造志向」の3点の特長は、ハンセン病についていかに説明するかではなく、「語り部」と「聴き手」との関係に関わる性質である。「聴き手」は「聴き手」なりの問題を抱えて、呻吟している場合さえある。「語り」の場でそれに呼応できるのが、受苦を体験し、人権の大切さを常に味わっている「語り部」のはずである。つまり、「語り」にとって見落としがちだが、しかし重要なのは、「聴き手」に対して「語り」に臨む際の基本姿勢であり、「語り」が何に向かおうとするのかの展望だと言えないだろうか。単に受苦に関わる史実と体験を語ればよいというのでは、「語り部」自身の世界に閉じられがちになり、下手をすると、「語り部」だけの意見表明に止まりがちになるかもしれない。そうではなくて、「聴き手」と共同して人類の未来を構築していくという方向性に開かれていかないと、問題解決に向けた心からの態度変容と行動化への啓発は生まれないだろう。だからこそ、「共生志向」、「未来志向」、「創造志向」という特長は、「語り」に臨む際の「聴き手」に対する基本姿勢を示していると考える。

3. 将来に向けた「語り」の継承

既に述べたように、様々な「受苦」の体験を持つ「語り部」の多くが高齢化し、その「語りの継承」が各地で重要な課題となっている。人権を侵害した歴史を忘れず次世代に伝え、若い世代の人権学習を展開しつつ、新たな継承の在り方を具体的に考え実践することにより、人類の歴史の前進を図ることは、年長世代の責任であろう。そこで、継承の諸形態として以下の3種を考えてみよう。

(1) アーカイブによる保存・活用

現在の「語り部」の「語り」を動画や、写真・音声録音テープなどのアーカイブに残していく。これは各地の資料館などで現に行われている。直接対面方式の「語り」ではないにしても、当事者の「語り」を10分ほどの短い時間でもよいから、映像や録音テープに記録し、それに接するのは他に代えがたい保存方式である。また、「語り」を文字記録に残す方法も各地で行われている。聞き取りを踏まえた手記や評論、論文などの形になってはいるが、ただ「声」ではない点に弱みがある。

(2)　人材の発掘

活動可能な体験者で、まだ「語り部」になってもらっていない方を探し出す。ご本人の了解を得るのは難しいが、探し出して依頼してみる余地はあるだろう。これは各地域で特に緊急を要する課題である。

(3)　次世代による継承

体験者の「語り」を聴いて、その語り口を若い世代が身に付けて継承していく。これが各地で採られている形態であり、本章第二節で沖縄・広島・長崎の実践事例で取り上げたのもそれである。それらについてはすでに整理したように、「個人・対面型育成」と「知識・情報型育成」の2つの方法に分類できる。いずれのタイプにしても継承者は実際の体験者ではないので、本当の「語り部」と言えるか、体験者でない者がいかに体験の「語り部」を継承できるのか、といった疑問の声があるのは事実である。

この疑問は、継承された次世代「語り部」に常に付きまとうので、さらに考察してみよう。体験した「語り部」の「語り」を対面で聴くことが、いわば「a直接的に体験を開示する方法に基づく人権学習（以下、「a型」と略記）」だとすれば、次世代の継承者の「語り」を聴くことは、「b間接的に体験を再構成する方法に基づく人権学習（以下、「b型」と略記）」だと捉えることができる。体験者から継承者へ、さらにその「聴き手」へと、歴史の伝承が継続的に広がっていくことは、人権学習の発展そのものであることを先ずは確認したい。もちろん、その伝承過程で、直接の体験者である「語り部」の「語り」とは異なる何らかの変形、欠落、追加といった部分が生じるかもしれない。しかし、それは語る時点が経過していくなかで、それぞれの歴史状況が変化していくのであり、異なる「語り部」の違った主観的世界が開示されるわけだから、当然起こるべくして起こる現象であって、それほど拘る必要はないであろう。

そして、「語り部」の「語り」は、「a型」こそ本来の教育力を持ち、「b型」は教育力が弱いと感じられるかもしれない。しかし、両者は質の異なる方法であり、「b型」でも「聴き手」によっては十分に効果を上げる可能性があるだろう。それに時間が経過するほど、「a型」から「b型」への移行が不可避であるという現実問題もある。

そこで議論の中心は、いかなる人のいかなる「語り」かという個別的レベルから、より一般的な「歴史認識」という一段高いレベルに視点を移す必要がある。

「現代『語り部』の教育力」に関する共同研究者・今津孝次郎との討議（神山・今津、２０２２）に基づく、**図２-１**（口絵）で言えば、Ｚ「文字資料」の歴史は「文字」による「知育」としての人権学習で「歴史事実」を学ぶことはできる。しかし、Ｘ「語り」の歴史を抜きにしたら、全体的な「歴史認識」には至らず、情動を含む心の奥底からの態度変容や行動へと向かう「人権学習の深化」はおぼつかないであろう。つまり、「a直接的に体験を開示する方法に基づく人権学習」であれ、「b間接的に体験を再構成する方法に基づく人権学習」であれ、「語り」の未来を左右する継承活動の在り方は、「聴き手」の想像力をたくましくする「歴史認識」の探究という大きな課題に直面することになると言えよう。

コラム　多磨全生園に隣接する国立ハンセン病資料館

国立ハンセン病資料館の前身は、平成5（1993）年に設置された「高松宮記念ハンセン病資料館」です。この施設の設立にあたっては、資金集め・資料収集・展示、開館後の展示解説や語り部活動など、回復者が運営の中心的役割を担ってきました。その後、患者・回復者らの名誉回復のための具体策として「ハンセン病資料館の充実」が謳われ、平成19（2007）年に「国立ハンセン病資料館」としてリニューアルオープンしました。2階建ての資料館では、常設展示・企画展示をじっくり見学することができます。映像ホールやギャラリーでは、朗読会や演奏会、入所者による写真・絵画の展示や企画展が開催されています。資料館のホームページでそれぞれの内容を確認し訪問することをお勧めします。実施したイベント等については、開催後もYouTubeで当日の様子を公開しているものもあり、視聴することが可能です。

【参考】ハンセン病資料館　https://www.nhdm.jp/

51　法務省人権擁護局・（財）人権教育啓発推進センターが企画・製作した人権啓発ビデオ。ハンセン病回復者の平沢が未来を担う子どもたちに、差別の痛みや苦しみ、帰りたくても帰れないふるさとへの想い、そして「人権」の大切さを語りかけている。（30分、２００５年）

52　ハンセン病に対する差別や偏見を解消し、ハンセン病患者及び元患者の名誉を回復することを目的とした中学生向けパンフレット。厚生労働省が作成し、２００８年度から全国の中学校、教育委員会等に送付している。

53　出典は、ハンセン病資料館のホームページ。https://www.nhdm.jp/（２０２２年5月6日閲覧）

54　シトラス色のリボンが作る3つの輪は、地域と家庭と職場（学校）を表している。安心して検査が受けられる、感染しても治療を受けて笑顔で自宅に戻れる等、暮らしやすい社会の実現を目指す運動である。

終章

人権教育の再構築

第一節　人権教育推進の問題提起とその成果

終章において本研究全般を取りまとめるに当たり、序章に掲げた4点の研究視座を通して得られた成果を再度確認しておこう。

【視座Ⅰ】

重要性が叫ばれながらも人権教育には障壁がある。その障壁を克服するための道筋を「語り部」の「語り」を通して明らかにする。

社会には様々な人権課題がある。一つひとつの人権課題に軽重や順序性はなく、どれも一日も早い解決が望まれており、人権教育の重要性は誰もが認めるところである。しかし、人権教育においてどの人権課題を取り上げて学習に取り組んだとしても、結論としては通り一遍の「偏見や差別は許さない」、「人権を大切にする」等の言葉の表明に終始する傾向があると考える。このように、人権問題解決のための周囲の働きかけが、実効性・具体性に欠ける一般的な言動に止まるのであれば、被差別の当事者の実態や取り巻く状況を改善する力にはなり得ず、現状打開は被差別の当事者が自力で行う他に策はない。当事者は、解決する見通しを持つことなど有り得ないという二重の絶望感を味わうこととなる。このような状況が国内外の至るところにあり、それを解決・克服する術を持たない現実こそが、筆者が主張する「人権教育の障壁」である。

このような現実を打破するために、人権教育の具体的な指針として示されている〔第三次とりまとめ〕の人権教育の目標「一人一人の児童生徒がその発達段階に応じ、人権の意義・内容や重要性について理解し、［自分の大切さとともに他の人の大切さを認めること］ができるようになり、それが様々な場面や状況下での具体的な態度や行動に現れるとともに、人権が尊重される社会づくりに向けた行動につながるようにすること」（文部科学省、２００８）に着目した。人権教育は、「知的理解、つまり分かる」ということに加え、「人権感覚を高め醸成することによって自分の人権を守り、他者の人権を守ろうとする意識・意欲・態度を高め」、さらに「実践行動につなげる」ことを求めているものと言えよう。

この人権教育の目標を根拠に、筆者の人権教育に関わる学校現場での諸経験を通して得られた知見を加味して作成したのが**図１－１**（口絵）の「人権教育３つの局面ＡＢＣ」という仮説である。人権教育を一括りに捉えるのでなく、人権教育の過程をいくつかの局面に分けて把握する視点を取れば、実践の目標や方法の分析が可能になると考えたからである。偏見や差別に悩み苦しむ当事者の力になるためには、偏見や差別の実態を知る「局面Ａ（知育）」、自分事として捉え課題に向き合う「局面Ｂ（当事者意識）」を経て、解決のために実現可能な方策を考え実行する「局面Ｃ（態度変容・行動）」に至ることが必要である。

しかもこの３つの局面は、局面Ａから局面Ｂそして局面Ｃへと直線的に高まっていくものではない。人権教育を推進するということは、方向性として局面Ａから局面Ｂ、そして局面Ｃを目指しながらも実際には行きつ戻りつ、しかも螺旋状に揺れ動きながら変容・成長を遂げていくものと考えている。

「差別禁止」を形式的に唱える人権教育からの脱却を図り、本研究においては、これからの時代を生きる子どもたちの期待に応え得る人権教育の再構築を目指す。先に挙げた「人権教育３つの局面ＡＢＣ」を貫く原理として、既に学校から有効な教材として評価されている「語り部」の「語り」の教材化を以上の観点から見直すと、児童生徒を「人権を守る継承者」として育む可能性が浮かび上がる。

【視座Ⅱ】

「語り部」による「語り」を、「語り部」と「聴き手」との双方向で捉え、コミュニケーションの視点から両者の関係性を明らかにする。

「語り部」と「聴き手」の関係を考えるとき、「語り継いだ＝受け継いだ」という形式的側面だけに拘り、「戦争反対」、「差別を許さない」等を唱えるだけの実践では、本来の「語り部」と「聴き手」の関係を意味あるものとすることはできない。「語り部」と「聴き手」の価値ある関係性を人権教育の分野で構築する可能性を追究するためには、「語り部」と「聴き手」の声によるコミュニケーションについて検証することが必要である。

諸説を検討した結果、本研究においては、人権教育における「語り部と聴き手」、「語り部」、「聴き手」各々において送受信される言語及び非言語によるメッセージを「コミュニケーション」と捉えることとした。

「語り部」の「語り」、つまり「声」によるコミュニケーションは、「言語 verbal」以上に、「非言語 non-verbal」の側面（発声の強弱、高低、速度、抑揚、明暗、表情・身ぶりを伴う等）が重要な側面となる。従って、受苦という耐えがたい体験が伝わるには、「聴き手」との間に「感情・情緒（情動）に響き合う」ように、身体的に向き合って互いに呼吸が合うことが必要だとすれば、この「非言語」によるコミュニケーションは重要である。

人を内面から変えるのが「非言語」の側面を含む「声」による「語り」が持つ教育力だと捉えるならば、「語り部」の「語り」は、「声」の力によって「聴き手」の情動に働きかけ、心の内面からの歴史認識を育む契機となり得ると言えよう。そうした側面が人権学習にとって不可欠だと考えられる。

【視座Ⅲ】

ハンセン病回復者の「語り部」に焦点を絞り、その特長を「人権教育3つの局面ABC」及び「コミュニケーション」、「児童生徒の感想文に見る平沢の『語り』の持つ力」の視点から明らかにする。さらに「語り部」の特長を踏まえた人権教育の実践を取り上げ検討する。

「語り部」の「語り」の継承は、いずれの「語り部」にも共通する喫緊の課題である。そこで、ハンセン病回復者の「語り部」として対照的な典型例と考えられる佐川と平沢の二人に焦点を絞り、その特長を「人権教育3つの局面ABC」の視点から明らかにした。

同じハンセン病回復者の「語り部」であっても、佐川と平沢の「語り」の特長はそれぞれに異なるものである。佐川が中学生に望む「偏見や差別をすることなく思いやりの心を持つ」とは、「人権教育の3つの局面ABC」に当てはめて考えると基本的な局面Aが該当する。歴史的な事実に裏打ちされた局面Aは、その時々の状況に影響を受けながら内面的に揺れ動くことはあっても、今後の生徒の学びを下支えしていく礎となるであろう。

一方、平沢は、中学生を次世代の地球の宝として捉え「幸せや喜びは、自分で作るもので、人から与えられるものではない」、「自らの命を絶つようなことは絶対にあってはならない」ことを訴えている。「自分自身で幸せや喜びを創造する」という人生の命題にも当たるような問いかけは、偏見や差別の問題ではないものの、「自分事としてとらえ、課題に向き合う」局面Bに見事に合致する。

さらに、多くの「聴き手」に定評があり、コロナ禍にあって子どもたちに向けてメッセージ（東村山市、2020）を発信した平沢に焦点を絞り「コミュニケーション」の視点からその特長を明らかにすることを試みた。平沢の「語り」には結論的に「共生志向」、「未来志向」、「創造志向」と名付けられる特長がある。それらはいずれも、ハンセン病についていかに説明するかではなくて、「語り部」と「聴き手」との関係に関わる性質である。

平沢はハンセン病療養所での隔離生活の過酷な経験に触れることはあっても、その「語り」の中核を為すのは「共に支え合うこと」や「仲間を育てること」あるいは「生きる希望を灯すこと」である。こうした「語り」の特長を「聴き手」がどう受け止めるか、感想文の内容にいかに反映されているのかを分析し「語り部」と「聴き手」のコミュニケーションを探ることとした。

平沢が2002年〜2016年の間に行った「語り」のうち、都内公立小学校7校、中学校2校、小学校5年生から中学校3年生による866の感想文を対象とし分析を行ったところ、次のことが明らかになった。

・**表3－4**（口絵）において局面Bの数値が高い。ここに「語り」教材化の可能性が確かめられる。

・**表3－5**（口絵）において「日常生活上の基本価値」の「夢（17％）」、「希望（13％）」、「感謝（10％）」、「生命（23％）」が少なくない数値を示している。これは平沢が「夢と希望を持つ」、「感謝を言える人になる」、「命を粗末にしない」の三つの約束を繰り返し子どもたちに伝えているからである。平沢の「語り」を聴いた児童生徒の感想文を分析することにより、「聴き手」とのコミュニケーションプロセスという見落とされがちな過程を浮かび上がらせることができた。

人権教育の「局面C（態度変容・行動）」を目指す栄美小学校の実践Ⅰ及び実践Ⅱを通して得られた成果と課題は以下のとおりである。

まず、実践Ⅰの成果として、次のような児童の姿を確認することができた。一人は、平沢の言葉や体験を自分の生活に照射し、平沢との共通点を意識しつつ、自分の今後の課題も理解し、人権教育の「局面B（当事者意識）」に至っている児童である。もう一人は、平沢の「語り」から感染症を正しく理解することの大切さ、理解したことを多くの人に伝える行動力を身に付け、これからも学びを続けていく前向きな姿勢が形となり、人権教育の「局面C（態度変容・行動）」にいくらかでも至っている児童である。

実践Ⅰの課題として、事前学習の在り方を改善することが挙げられる。児童が、総合的な学習の時間を通して、事前に偏見や差別に関する知識や情報を必要以上に取り入れ、それらが固定化してしまうと、平沢の「語り」に含まれる未来志向のメッセージを受け止めきれず、「差別はいけない、人権を守ろう」といった通り一遍の言葉を繰り返すようになる傾向が明らかになった。

次に、実践Ⅱの成果として、中学進学を目前に控えたこの時期の6年生に対し、大人になった自分が、未来の小学生に語りかける設定を試み、「局面A（知育）」から「局面B（当事者意識）」に移行する段階にある児童の考えを引き出すことができた。「局面C（態度変容・行動）」には至らなかったが、平沢の「語り」を良い意味で継承し、禁止抑制型の表面的人権学習から、肯定共生型の前向きな人権学習へと転換されていることが確かめられた。

実践Ⅱの課題として、成果として取り上げたような児童は少数であったことが挙げられる。今後は、カリキュラムマネジメントの視点からキャリア教育との関連を図り、児童が自身の将来像を思い描けるような学習活動を目指し指導の工夫が図られる方策を検討する。

以上のような成果と課題を踏まえ、指導上の留意点として、①事前指導のポイント、②「語り」に向き合う「聴き手」の姿勢、③「沈黙」の時間の保障の3点を取り上げた。

また、「語り」教材化の実現に向けて乗り越えるべき課題として、①指導者自らが「聴き手」となる経験を持つ、②「語り部」との関係性を構築する、③「語り部」に子どもの実態を伝える、の3点を取り上げた。

最後に、ここまで取り上げた成果と課題の克服、さらには指導上の留意点を配慮した実践法として「多元複合的実践法」を提唱する。この「多元複合的実践法」による教育活動を展開することにより、「語り部」の「語り」の力をより生かした人権教育の再構築が可能となるであろう。

【視座Ⅳ】

ハンセン病回復者以外の「語り部」に視野を広げ、「語り部」の育成及び「語り」の継承に関わる現状と育成上の留意事項を明らかにする。

多様な「受苦」の体験を持つ「語り部」はすでに高齢化し、人々が忘れてはならない体験を次世代に継承することは、全国各地で喫緊の課題となっている。沖縄・広島・長崎での戦争・被爆体験に関する継承事例として、①「ひめゆり平和祈念資料館」における「語り部」の後継者育成、②被爆地広島における「語り部」の後継者育成「被爆体験伝承者」、③被爆地広島の「語り部」の後継者育成「ヒロシマ・ピース・ボランティア事業」、④長崎における「被爆体験伝承者等派遣事業」を取り上げた。以上4種の「語り部」育成活動を比較すると、体験者との関係性の観点から、⑴「個人・対面型育成」と⑵「知識・情報型育成」の二つに分類することができ、この分類は育成活動の原理の違いを浮き彫りにする。体験の「伝承」という点から言えば、⑴タイプがより望ましいが、難しい育成条件をクリアしなければならない。それに対して⑵タイプは育成が比較的容易で、しかも広範囲に多くの継承者を得られるというメリットがある。各地域の実情に応じて育成方法の工夫が要請されている。

継承の諸形態としては、①アーカイブによる保存・活用、②人材の発掘、③次世代による継承が考えられる。特に③の次世代による継承については、実際の体験者ではない継承者が、本当の「語り部」と言えるか、体験者でない者がいかに体験の「語り部」を継承できるのか、といった指摘に答えなければならない。このことについて**図**

2－1（口絵）で言えば、Z「文字資料」の歴史は「文字」による「知育」としての人権学習で「歴史事実」を学ぶことはできる。しかし、X「語り」の歴史を抜きにしたら、全体的な「歴史認識」には至らず、情動を含む心の奥底からの態度変容や行動へと向かう「人権学習の深化」はおぼつかないであろう。つまり、「語り」の未来を左右する継承活動の在り方は、「聴き手」の想像力をたくましくする「歴史認識」の探究という大きな課題に直面することになるのである。

第二節　人権教育への期待と要請

1.　人権問題解決のために果たす役割

本来、全ての人に無条件で保障されている人権は、特段の制約がない状況下では、よほどの意識を持って目を凝らさなければ見えないことがある。見えないからと言ってそれは問題が解決したわけではなく、消滅したわけでもない。そのために、何らかの出来事が契機となり一旦有事となれば、それまで見えなかった、または見ようとしてこなかった諸問題が目前に現れ、解決すべき課題として突き付けられている。その代表例として、新型コロナウイルス感染症の出現にまつわる様々な対応が挙げられる。過去に発生し現代にいたるまで続くハンセン病問題に我々は何を学び、それをどう生かしているかが問われている。ハンセン病に限らず、様々にある人権課題の解決に向け、人権教育は、今後どのように機能する意志があるかと問われているのである。

その根拠として、内閣府が実施する「人権擁護に関する世論調査」（２０１７）[55]が挙げられる。調査の中には「人権課題の解決に向けて、どのようなことに力を入れていけばよいと思うか」という設問があり、「学校内外の人権教育を充実する」と回答した者の割合が59・８％と最も高い数値を示している。教育の力をもって課題解決を図ることは社会の要請であり、誰に言われるまでもなく、各学校が人権教育の重要性を認識し各種の取組を進め、結果として社会の要請や期待に応じようと努力を続けているのは事実であろう。

2. 人権教育の障壁

一方で、文部科学省がホームページに公開[56]している人権教育の実践内容に目を転じれば、どの人権課題を取り上げ学習に取り組んだとしても、結論としては通り一遍の「偏見や差別は許さない」、「人権を侵害しない」等の言葉の表明に終始する傾向にあることが明らかになっている。筆者が提起する「人権教育の障壁」とは、国内外の至るところで発生している人権問題に対して、それを真に解決・克服する術を持たない現実である。「人権侵害とは無縁」だと称する者が、第三者的に人権教育を進めているようでは、人権侵害に苦しむ人々の救済につながらず、全ての人に人権を保障する等の言葉も虚しく響くだけであろう。

この実態を例えて言うならば、透明の構造体に仕切られた被差別の側に立つ者の置かれた状況や心情を想像できるかということである。人権教育に注力したつもりになっていても、被差別の当事者からは、透明な仕切り板の向こう側で、「差別はやめよう」、「人権を守ろう」と真顔で語る人々の姿を傍観するしか手立てがなく、時には、仕切り板の向こう側に位置する者たちから「こんなに一生懸命にやっているのに、なぜあなたは……」と問われ、苦笑いでその場をやり過ごさざるを得ないことさえあるだろう。

このように「人権教育の障壁」は透明な障害物であるために、目視することは難しい。しかし歩を進めて近寄れば、また、手を伸ばして探り出せば、そこに隔たりがあることは現認できるはずである。それにもかかわらず、透明であることを理由に気付くことができない「力不足」、または、気付こうとしない「意識不足」に乗じて姿を現すのが「人権教育の障壁」の特徴と言えよう。

そして、この「人権教育の障壁」に風穴をあける力を持っているのが、人権の「語り部」の存在であり「語り」の力である。惜しまれることに、これまでの人権教育においては、その存在に気付きながらも、その力を十分に引き出せないまま今に至っている。

「語り部」の数だけそれぞれ異なる人生と価値観があり、「語り部」の一人ひとりが身に付けている「語り」の力はそれぞれに異なる魅力がある。個性的な存在であったにもかかわらず、それを引き出し最大のパフォーマンスを発揮できるようにするための努力や工夫が不足していたのである。第三章第一節で取り上げた佐川と平沢の「語り」の検証は「一人ひとりが異なる個性を持ちながら尊重されるべき存在である」という自明の理を確認し、「語り」教材化の道筋に明かりを灯すことができたと言えよう。

コラム　ヒューマンコミュニケーションの重要性

「共に生きる社会」の実現に向けて、総合的な学習の時間に「車いす体験」や「白杖体験」等に取り組んでいる実践を見かけます。これらの体験は、何のために行っているのでしょうか。車いすや白杖は、視覚が不自由な方たちにとって生活の幅を広げ、安全を確保するために欠かせないものです。子どもたちが日常で使うことのない用具を使う経験を通して、車いすや白杖を使う方々と交流する際に必要とされる「心構え」や「向き合う姿勢」のヒントを得ることができます。大事なことはそうした経験だけに止まるのではなく、障がいのある人々と対等の仲間として、共に生きる「ヒューマンコミュニケーション」を実際に行うことです。

55　内閣府が、人権擁護に関する国民の意識を把握し、今後の施策の参考とするために、およそ5年に1回実施している調査。対象は、日本国籍を有する18歳以上の者3、０００人。調査内容は、「人権問題」、「主な人権課題に関する意識」「人権課題の解決のための方策」である。

56　人権擁護に関する世論調査（２０１７年度）国は、人権課題の解決に向けて、どのようなことに力を入れていけばよいと思うか聞いたところ、「学校内外の人権教育を充実する」を挙げた者の割合が59・８％と最も高く、以下、「人権が侵害された被害者の救済・支援を充実する」（44・０％）、「人権意識を高め、人権への理解を深めてもらうための啓発広報活動を推進する」（43・１％）、「地方自治体、民間団体等の関係機関と連携を図る」（38・６％）などの順となっている。（複数回答、上位４項目）https:/ /survey.gov-online.go.jp/h29/h29-jinken/2-3.html（２０２２年４月30日閲覧）

第三節　コミュニケーションを核とした人権教育

1.「語り部」の継承者育成

平沢の「語り」は、子どもたちは勿論のこと幅広い世代に定評がある。本研究においては、その高い評価には、いかなる理由や背景があるのか、平沢の人生を紐解く文献調査とともに、児童生徒の感想等を分析し明らかにすることができた。

その結果導き出されたのが、平沢の「語り」の特長として、「共生志向」、「未来志向」、「創造志向」の3点が挙げられる。これらは、いずれも平沢の「恨みは恨みで返さない」の言葉のとおり、過去の償いを求め、ハンセン病について上手く説明すること等を求めているわけではない。「語り」の特長は、「語り部」と「聴き手」の間で交わされるコミュニケーションの問題に帰着する。

そこで、J.ウィーマンが、コミュニケーション能力を総合的に分類した結果導き出した5局面と平沢の「語り」がいかに対応しているか検討を行った。その結果、5局面全ての能力が動員され、平沢の特長全体が発揮されていることが分かった。

人権の「語り部」である平沢の功績をとりまとめ後世に残すこと自体に価値はあることは否定しない。しかし、本研究が平沢に着目しているのは、平沢の「語り」の特長を明らかにし、それを次代の「語り部」である継承者育成の視点として活用すれば、現在、社会全体が喫緊の課題として直面している継承者問題解決の重要な手がかりを得ることができると考えたからである。

個人と社会とをつなぐ「記憶」の働きに着目したP.コナトン（2011、75頁）は、国家の「記念式典が儀礼としての力をもち、記憶に働きかける力があること」を論じている。この論に基づき「記念式典」に相当するものを「語り部」であると評価してみよう。そうすると、ハンセン病や戦争・原爆をめぐる「個人的記憶」は「語り部」によって語られることにより、まず「社会的記憶[57]」として登録され、それが代々継承されるに従い「社会的記憶」としての認知度が高まり定着していくという道筋が明らかになるであろう。

だからこそ、「記念式典」に相当する「語り部」を社会的装置として公認し、維持することが必要である。自分の人生の一端を語る「語り部」は、個人の歴史を披歴している訳ではない。むしろ、社会全体の未来に向け、現在に至るまで数多くの「語り部」が折り重なるようにして礎を築き、現在と将来を生きる人々を支えているのである。「語り部」とは、単に過去の歴史を伝えるために存在するのではない。新しい時代が過去の歴史からの学びを生かし、よりよい社会になるために語るのである。「語り」は、今を共に生きる仲間としての関係を構築し、未来を託す継承者を育てる力となっていくのであろう。

2. コミュニケーションを重視する次世代の「語り部」育成

一般的に言えば「語り」の継承の在り方として、当事者が体験した偏見や差別の実態を可能な限り忠実に再現し伝えるのが、「語り部」の果たす役割と考えてはいないだろうか。しかし、実際に、平沢の「語り」の特長3点について、J.M.ウィーマンの分類するコミュニケーションの5局面を用いながら考察したことを考えると、「語り部」として求められていることとは、コミュニケーションの力で、いかに「聴き手」との関係性を構築するかにかかっている。むしろ、受苦に関わる史実と体験を一方的に伝えるだけなら、映像や文書による情報を提供すれば済むことであり、「語り部」と「聴き手」が敢えて向き合う必要はないだろう。

ここでいう「語り部」と継承者の関係性を板場・池田（２０１１a、37頁）は「『記憶』を繋いでいくためには、狭義の『当事者』にこだわるのではなく『当事者性』を中心に考えなければならないはずだ。（中略）語り／語られることによって『当事者性』を深めていくことである」と述べている。さらに、池田は「『語り部』は、過去と現在、未来を繋ぐ役割を担う。現在は過去の積み重ねによって成り立っており、また過去と現在は未来に投影される。そして、語ることによってその３つが結びつけられるのだ。それは、『他者』の声を聞き取り、それを語ることで現在の問題が浮き彫りになり、それを未来へと繋いでいくという一連の作業である（２０１１b）」と述べ、「語りの場とは、語り手と聞き手の共同作業の場であり、聞き手が語り手に語らせている側面があることを忘れてはならない（２０１３a、１２７頁）」と指摘している。池田の主張を本研究に照らし合わせて考察すれば、「語り部」であってもその継承者であっても、「聴き手」と共に現在から未来を生きる仲間としての関係性を構築し、次の時代に影響を与えることこそが、今後の重要な課題である。

57　社会全体が共有する歴史的な出来事や文化的な要素に関する記憶のこと。

い。

第四節　カリキュラムマネジメントにより創出する人権教育

本研究において取り上げた、児童を支援する教師の発想に基づき、各教科（栄美小学校の場合は道徳科）と総合的な学習の時間の関連を図り、教科外の時間も併せて活用した一連の取組の総体を「多元複合的実践法」と称した。

特に、栄美小学校においては、道徳科授業の導入で「Clap for Carers」を、終末には「シトラスリボンプロジェクト」を紹介し、授業後にはリボンづくりにも取り組んできた。このような一連の取組が、児童の人権意識を高める上で、効果的に機能しているものと評価できよう。

このような子ども一人ひとりの発想を大切に生かした取組は「局面C（態度変容・行動）」に至る可能性を持った人権教育の実践として評価できるものと考える。

第四章第三節で取り上げた研修等を通して自己変容を遂げた教師が、確かな児童理解に基づき、各教科等の枠組みを柔軟に捉えたカリキュラムマネジメントを実施することにより実現可能な実践とも言えよう。

歴史的に続くハンセン病患者・回復者への差別や最近のコロナ感染者や医療従事者の排除などの現実を踏まえ、社会は人権教育に対する期待と要請を強めている。カリキュラムマネジメントにより創出する「多元複合的実践法」は、社会の要請に正面から相対するものであり、明らかになった成果は人権教育の再構築に直結するものである。

そこで、これ以降は「多元複合的実践法」の概要について明らかにしていこう。

1.「多元複合的実践法」に関わる用語

(1)「多元」の意味

「多元」とは、まず「局面A（知育）」、「局面B（当事者意識）」、「局面C（態度変容・行動）」の3局面を総合する原理を貫くことである。そして、既存の各教科や道徳科の学習でも取り上げながら、総合的な学習の時間を中核として、児童生徒の問題意識や社会の要請等に応えられるような取組を創造することである。

(2)「複合」の意味

「多元」原理を遂行するために、「対面」による「語り」の方法を導入し、「多元」の各次元を関連付けて総合化することである。この方法の特長は、人権を侵害された当事者の心の奥底にある怒りや悲しみ、喜びや驚き等の感情を「語り部」独特の表現で「聴き手」の情動に働きかけて、局面Cに至り、「聴き手」に「人権を守る継承者」として育ってもらうことを目標にしている。人権の価値、人権の擁護は世代を越えて継承されないと途切れる危険性があると考えるからである。そして、「聴き手」を「人権を守る継承者」として育てることができれば、「局面A（知育）」に止まりがちで、形骸化しがちな人権教育に一石を投じることができよう。

2. 対面の「語り」におけるコミュニケーション

対面の「語り」については「複合」にとって重要な要素であるため、独立してさらに説明を加えたい。「語り部」と「聴き手」のコミュニケーションにとって重要なのが、「語り部」の「語り」の特長はもちろん、それ以上に「聴き手」の聴く力である。学校教育では一般に「発言」する力は強調されても「聴く」力はそれほど評価されない。しかし、人権教育の場で当事者の「語り」を的確に聴く力は極めて重要である。目の前に「語り部」がいる場合は特にそうであり、表情、身振りを含めて、声による「語り」を傾聴する姿勢は、局面Cの成果を左右すると言える。声の高低・強弱・速度などをいかに聴きとれるかによって、その「語り」をどのように受け止めるかが変わってくるだろう。

当事者を教室に招くことが難しければ、ＩＣＴの手法を用いた画面越しの「対面」が考えられる。現に、栄美小学校の事例は、画面越しのやり取りで直接の会話を交わすことはできなかったが、総合的な学習の時間を通した情報収集、栄美小学校の教員と平沢との個別の交流などの工夫を行えば、「対面」に見合うような学習が展開され、肯定共生型の前向きな人権学習へと転換できる可能性を見出すことができた。他にも映像資料、紙教材等の代用も考えられ、工夫の可能性がある。

3.「多元複合的実践法」の実現

第三章第三節の栄美小学校の事例は、筆者が道徳科の授業を提案し、それを受けた同校の教員が主体的な判断に基づき、総合的な学習の時間での取組との関連を図ったものである。自ら作成したポスターを掲出したいとの児童の個別の要望にも対応し課題達成の成就感を味わわせていた。

同校が人権教育の研究指定を受けているという推進力を根底に持つ学校であるからこそ実現できた実践法とも言える。これを一般化するためには、「カリキュラムマネジメント」の発想に基づき、年度当初から年間指導計画をはじめ各教科等の指導計画に諸活動を位置付け、「語り部」への講師依頼、個々の児童の発想を保障するための支援体制を事前に構築する必要がある。以下に、「語り部」との信頼関係の構築を図る上での留意事項、「児童生徒」に対する指導上の留意点について記していこう。

(1)「語り部」との信頼関係の構築

指導者が事前に「語り部」の居宅の訪問、遠隔システム等を活用した対面を通して互いの表情を確認しながら対話することを推奨する。講師だから、「語り部」だから、さらには教師だからという縦の関係ではなく、未来を担う子どもたちを共に育む大人として横の信頼関係を構築することが対話の主眼である。

そのためには、まず、現在の子どもたちの楽しみや悩み、問題点等を個人情報に配慮しながら、包み隠さず伝えていく。楽しい日常や学校生活の実際について映像等を用いて提供するとともに、一見豊かに見えるその背景には、同じ現代を生きる一人の人間として、コロナ禍の対応、いじめや不登校、家庭不和、学力不振等、子どもなりの悩みや不安、場合によっては児童虐待などの問題に直面しながら学校に通っている子どもたちがいる現実を、率直に伝えることが必要である。その上で、今回の講演に向け取り組んだ事前学習の内容を伝えることも有効であろう。

「語り部」から質問があれば、教師が真摯に回答することはあっても、「語り部」に対して、このように話してほしい等の要請を行う必要はないと考える。想像することすら困難な経験を乗り越え、今を共に生きている「語り部」に対して、こちらの状況を余すことなく伝え、誠実に向き合うことが重要であろう。

(2)「児童生徒」に対する指導上の留意点

事前学習として基本的な知識と正しい情報を身に付けられるよう指導を行う。一人ひとりの児童生徒が、自身の興味関心に応じて学びを深めることを妨げることはしないが、情報過多の環境を作り、「聴き手」となる学習者が出会う前から、すべて承知の上であるかのような感覚を持つことのないよう配慮する。筆者自身の経験を振り返ると、必要以上に情報を収集した後の人との出会いは、自分の中の知識との答え合わせのような感覚を生み出す恐れがある。出会いの感動や新鮮な感覚が薄れ、「語り」が陳腐化してしまうからである。

河合・鷲田（２０１０、１９２—１９３頁）が「聴き手」の立場から言えば、「語り部」を理解できるのは、その想いに触れ、それを受け入れることで自分の内部で何かが変わって、これまでの自分と違った自分を感じられるようになることであると述べている。それ故「語り部」が話している間は、声の調子（高低・強弱・速度・抑揚・明暗）、表情（視線・息遣い）、身振り・手振り等に注目し、自分の心の声にも耳を傾けるよう指導する。このような話の聴き方は、一朝一夕に身に付くものではないだろうが、「人の話を静かに聴くのは、自分の心の中に沸き起こる自分の声に耳を傾けること」という指導を、国語科を中心に計画的に実施し、日常の学校生活の中でも同様の経験を積み重ねれば、必ず身に付けることができる資質能力である。[58]「語り部」の「語り」の教材化は、「語り部」や「聴き手」に変容を求めることなく、教師自身が変わることで可能となる取組であると考える。

このように、全教育活動を通して推進する人権教育の充実を図ることは、その取組過程を丹念に推進していけば、学校の全ての教育活動の見直しや改善、「語り部」が属する組織や児童の活動を支援する諸機関との関係性を維持・修復・改善する契機となる。いわば、人権教育が、学校の教育活動は勿論のこと、学校を核とする地域全体の教育力の向上につながると考えられよう。

「語り部」の「語り」の力に影響を受けて育つ子どもたちは、やがては社会を構成する一員として地域社会に帰ってくる。小中学校での「聴き手」の経験を生かし、そこで出会った「語り部」の「語り」を継承する存在ともなり得るだろう。子どもたちが、近い将来、世代を超越した人的円環の中で新たな「語り部」として出現し、地域貢献の一翼を担う理想的な継承が実現することとなろう。

58　〔第三次とりまとめ〕に示されている人権教育の三つの側面には、知識的側面、価値的・態度的側面、技能的側面の三側面がある。自分の心の声に耳を傾けるために静かに聞くのは、〔第三次とりまとめ〕の例示の技能的側面の「能動的な傾聴、適切な自己表現等を可能とするコミュニケーション技能」に関連のある資質能力である。

第五節　次世代の「語り部」を目指して

1.　全国に存在する現代の「語り部」

「語り部」に限らず、人として同じ人生などは有り得るはずがなく、一人ひとりの人生が等しく尊重されるべきであり、その「語り」から後世に生きる私たちが学ぶべきことは、数知れないものがある。だからこそ、今回の佐川・平沢に焦点を当てた本研究は、直接の体験者である「語り部」の「語り」に学ぶ研究としては、そのスタートラインに立ったに過ぎない。とはいうものの「語り部」の高齢化は、時間の経過と共に確実に進行し、私たちに残された時間は僅かであるのが現実である。

既にこの問題については、田村（２０２０）が全国各所の療養所職員に働きかけ「語り部機能継承勉強会」（以下、「勉強会」と略記）を組織している。勉強会では、ハンセン病以外の博物館等の機能を調査し、その結果を共有することにより「語り部」機能の継承に繋げる活動に取り組んでいるとの報告がなされている。

筆者の研究と重なって課題意識を共有する研究者との連携を図り、喫緊の課題解決に向けた取組が不可欠である。

2. 多様な「語り部」の生き方

今後は研究対象を拡大し、ハンセン病回復者以外の多様な「語り部」の存在に目を向けていきたい。筆者は、新型コロナウイルス感染症が拡大する以前に、全国13か所の療養所及び私立病院1か所のうち、10か所を訪問し、研修会への参加や面談を通して、延べ8人の「語り部」の方たちと出会う機会に恵まれた。全国の療養所がそれぞれ置かれている状況やその特色が異なるように、それぞれの「語り部」の考え方やその背景には多様なものがあった。

当たり前のことではあるが、同じ「語り部」は存在するはずもなく、むしろその多様性に価値を置くべきである。自身の過酷な体験を克明に語る「語り部」からは、差別がいかに人を傷付け、一生癒されることのない心の傷の深さを学ぶことができる。また、過去の歴史を淡々と語る「語り部」との出会いは、「語り」の背景にある歴史認識の甘さや、未知・無知ゆえに間違った判断が繰り返される現実を認識する機会となる。さらには、不確かな情報に惑わされることなく正しい情報を得るための努力を自らに課す重要性を、改めて学ぶ機会となっている。今後も多様な「語り部」との出会いを求め、それぞれの「語り」の特性を追究していくことが課題である。

3. 「しない」から「する」人権教育への挑戦

「共生志向」、「未来志向」、「創造志向」平沢の3つの語りの特長と栄美小学校が取り組んだシトラスリボン運動の「『ただいま』『おかえり』と言いあえるまちづくり」のコンセプトには共通点がある。両者共に活動の原点は、偏見や差別の体験やそれを克服しようとする熱意にある。しかも、それを前面に表そうとしない点が特徴でもある。

これまで、学校教育に携わってきた経験を振り返ると、人権は大切なものだから、小さなミスも見逃すことなく駆逐することが重要であるとの認識が一般に広まっているのではないだろうか。確かに間違いは細心の準備と心構えをもって回避すべきであるが、細部に捉われてばかりいるのでは、創造性豊かな発想を生み出すことは難しいであろう。

人権とは全ての人間が、生まれた瞬間から付与された固有のものであり、何にも代えがたいものである。だからこそ、仮に人権が傷付けられてもそれを修復することも可能であり、周囲の支えがあれば、修復の度合いもその後の立ち直りも早いことを経験的に学んできた。だからこそ、失敗を恐れて挑戦を控えるのではなく、自ら人との関わりを求め、人生における新たな局面を開くことを自分自身に課していきたい。いわば失敗をおそれて「しない」人権教育から、可能性を求めて「する」人権教育への挑戦である。

本研究において、「人権教育3つの局面ＡＢＣ」を提起し、局面Ａから局面Ｃに向け上下に揺れ動きながら右肩上がりの螺旋状を提示した。しかし、自身の人生を振り返ると、原点のゼロを下回るマイナスの時期もあれば、心躍るようなプラスの時期も多少なりともあったことが思い出される。

人権の行使は、それぞれの人生と共にあり、低迷期・急上昇期は人によって異なる。しかし未来を担う子どもたちに対して共通に言えることは、人権教育とは過去の自分や他人との比較をせずに、未来の自分を創造するための営為であると発想の転換を図れば、「今の私」よりも幸せになるための教育こそが人権教育であると捉えるべきだと考える。

本研究において同時に提唱した「多元複合的実践法」は、一人ひとりが「語り部」の「語り」から力を得て、自身の生き方・在り方を探究する学びでもある。本研究には、人権教育における環境整備に貢献するという使命があり、その方策の一つには、自らに「語り部」を目指す覚悟を持つことも含まれている。今後とも「多元複合的実践法」を広める活動を展開することこそが、受苦を乗り越え、愛と勇気を持ち「語り部」としての活動に傾注された方々への恩に報いる術である。

文献

阿久澤麻里子（２００８）「人権教育の指導方法等の在り方について『第三次とりまとめ』―実践編（案）（特集二〇〇七年の教育をふりかえる―人権教育指針を中心に）」『解放教育』38(3)、57―65．

新井郁男（２０１６）「教材とは」日本教材学会編『教材学概論』図書文化．

蘭由岐子（２００４）『「病いの経験」を聞き取る』皓星社．

朝日新聞DIGITAL（２００５）（ウエスト）戦禍「継承」溝と自問と http://www.asahi.com/area/okinawa/articles/MTW20999999480111355.html（２０２２年5月3日閲覧）

朝日新聞DIGITAL（２０２０）「感染者への攻撃『ハンセン病と同根』坂口元厚労相」https://www.asahi.com/articles/ASN4J6W3TN4FPTLC00S.html（２０２２年10月3日閲覧）

A市（２０２０）『子ども被爆地派遣報告書（中学生長崎派遣）』A市くらしと文化部平和・人権課．

ボルノー．O．F．（１９６６）『言語と教育』訳：森田孝、川島書店．

コナトン．P．（２０１１）『社会はいかに記憶するか　個人と社会の関係』訳：芦刈美紀子、新曜社．

高娜（２０１１）「『環境再生都市』における公害の語り：四日市市を事例として」『名古屋大学社会学論集』(32)、49―73．

後藤将之（１９９９）『コミュニケーション論』中央公論新社．

ハンセン病に係る偏見差別の解消のための施策検討会「ハンセン病に係る偏見差別の解消のための施策検討会報告書」https://pubpjt.mri.co.jp/pjt_related/kentoukai/jql43u0000010ff-att/kentoukai_20230331report.pdf（２０２３年4月20日閲覧）

東村山市（２０２０）「平沢保治氏から市内小・中学校の皆さんにメッセージが届きました」https://www.city.

higashimurayama.tokyo.jp/shisei/koho/pickup/r02pickup/hirasawasimessage.html（２０２２年5月3日閲覧）

平沢保治（１９９７）『人生に絶望はない』かもがわ出版．

平沢保治（２００５）『世界ハンセン病紀行 出会いと復権の七つの旅』かもがわ出版．

平沢保治（２０１２）『国立ハンセン病資料館語り部活動 平沢保治さん講演 教員編～命と心と平和の教育を～（ＤＶＤ）』国立ハンセン病資料館．

平沢保治（２０１３）『苦しみは歓びをつくる』かもがわ出版．

平沢安政（２００８）「学校人権教育の推進に大きな意味『人権教育の指導方法等の在り方について『第三次とりまとめ』』」『部落解放』５９９、64―72．

Hosoda, Miwako（２０１０）Hansen's disease recoverers as agents of change: a case study in Japan, *LEPRA*、81、5―16．

細田満和子（２０１７）「共生社会への長い道のり―『らい予防法』廃止へのハンセン病当事者による運動の軌跡」『共生科学』8、24―35．

深谷直弘（２０１８）『原爆の記憶を継承する実践』新曜社．

深谷直弘（２０１１）「長崎における若者の被爆体験継承のプロセス『世代の場所』の形成に着目して―」『日本オーラル・ヒストリー研究』⑺、１７９―１９７．

福田弘（２０２２）「今、学校における人権教育にもとめられるもの」『教育のひろば』１―２．

福田喜彦（２００７）「判決書教材に基づいた市民性育成教育の授業内容開発：『ハンセン病訴訟裁判』の授業実践

を通して」『社会科教育論叢』46、106―111.
福田喜彦（2008）「判決書教材に基づく市民性育成教育の授業内容開発の実践的研究『セクシャアルハラスメント事件』の授業実践をもとに」『学校教育研究』23、174―185.
福元千鶴（2010）「人権教育における人物学習の役割と課題―ハンセン病訴訟判決文を用いた授業を事例として―」『社会科教育研究』109、49―56.
福岡安則・黒坂愛衣（2020）「長い在日暮らしをハンセン病罹患者として生きて――金相権さん聞き取り――」『日本アジア研究』17、21―48.
池田理知子・クレーマー．E．M．（2000）『異文化コミュニケーション入門』有斐閣.
池田理知子（2010）「語ること、そして『伝わる』もの―『水俣』が教えてくれるコミュニケーション教育の可能性―」『日本コミュニケーション学会』23、73―83.
池田理知子（2011b）「メディア・リテラシーと『当事者性』」『日本コミュニケーション学会』242、51―60.
池田理知子〔編〕（2013a）「コミュニケーションを可能／不可能にする語りの場『当事者』への期待から『当事者性』への獲得へ」『メディア・リテラシーの現在 公害／環境問題から読み解く』ナカニシヤ出版.
池田理知子（2013b）「水俣病／水俣病事件を語り継ぐための模索―対話形式の語りの場の可能性―」『日本コミュニケーション学会』26、5―23.
池田理知子（2014a）『シロアリと生きる よそものが出会った水俣』ナカニシヤ出版.
池田理知子（2014b）「『日常差別』に関する一考察―水俣病資料館のある『語り部』の講話から―」『日本コミュ

ニケーション学会』42、15―30.
池田理知子（2015）「多様な意味を生み出す講話の場―水俣病資料館のある『語り部』の事例から考える―」『日本コミュニケーション学会』44、67―84.
今津孝次郎（2021）「『出会い』と『闘い』そして『たたかい』の記」『多磨全生園ぶらっと万歩計―74年を生きて―』私家版、241―267.
石埼学・遠藤比呂通（2012）『沈黙する人権』法律文化社.
板場良久・池田理知子（2011a）『よくわかるコミュニケーション学』ミネルヴァ書房.
板山勝樹（2009）「『第二次・第三次とりまとめ』」批判言説の論点整理『人権研究ふくおか』136、64―79.
板山勝樹（2010）「『第二次・第三次とりまとめ』批判言説をめぐる権力的関係」『人権研究ふくおか』137、50―68.
伊藤陽一（2022）「人権教育を進めるにあたって」立命館大学大学院教職研究科『子ども・教育・学校を語る』No.18.
岩本通弥〔編者〕（2020）『方法としての〈語り〉―民俗学をこえて―』ミネルヴァ書房.
神山直子（2022）「人権教育の再構築と語り部の役割――平沢保治を中心に――」『星槎大学大学院紀要』3(2)、1―16.
神山直子・今津孝次郎（2022）「現代「語り部」の教育力―「人権学習の推進に向けて―」『共生科学』13、23―37.
神谷美恵子（1980）『生きがいについて』みすず書房.

柏端達也（2016）『コミュニケーションの哲学入門』慶応義塾大学出版会.
川松あかり（2018）「『語り部』生成の民俗誌に向けて―『語り部』の死と誕生、そして継承―」『超越文化科学紀要』(23)、5―25.
河野洋子（1995）『沈黙を考える―対話と沈黙の関係を求めて』近代文藝社.
河野辺貴則（2020）「人権教育と道徳教育の関連性に関する分析的研究―人権課題に関わる道徳教科書教材に着目して―」『教育実践学研究』22(1)、1―16.
河野辺貴則（2021）「人権教育と道徳教育の関連性に関する授業分析研究―ハンセン病問題を題材にした道徳授業記録に焦点を当てて―」『四国大学紀要』56、73―84.
河合隼雄・鷲田清一（2010）『臨床とことば』朝日文庫.
河合隼雄・阪田寛夫・谷川俊太郎・池田直樹（2019）『声の力―歌・語り・子ども―』岩波現代文庫.
川崎愛（2014）「自治会活動から障害者運動、まちづくりへ―平沢保治の仕事―」『流通経済大学社会学部論叢』24(2)、125―135.
君塚仁彦（2017）「博物館における『対話』による記憶『継承』活動の意義―ひめゆり平和祈念資料館の取り組みを中心に―」『東京学芸大学紀要　総合教育科学系Ⅱ』68(1)、89―99.
君塚仁彦（2018）「ハンセン病回復者の記憶と博物館展示に関する基礎的研究(2)―ハンセン病博物館の歴史的段階と課題としての教育活動に―」『東京学芸大学紀要総合教育科学系Ⅰ』69(1)、89―99.
厚生労働省（2021）「感染症の予防及び感染症の患者に対する医療に関する法律」https://elaws.e-gov.go.jp/document?lawid=410AC0000000114（2022年10月21日閲覧）

黒坂愛衣（２０１５）『ハンセン病家族たちの物語』世織書房．
真島聖子（２０１０）「判決書教材を活用した人権教育 ―大学における授業実践を中心に ―」『愛知教育大学教育実践総合センター紀要』13、１１９―１２６．
宮本友弘（２０１３）「教材研究」日本教材学会編『教材事典』東京堂出版．
三芳晃〔平沢保治の筆名〕（２０２１）『ぶらっと万歩計―74年を生きて―』私家版．
文部科学省（１９９７）「『人権教育のための国連10年』に関する国内行動計画」https://www.mext.go.jp/b_menu/shingi/chousa/shotou/024/report/attach/1370664.htm（２０２２年5月3日閲覧）
文部科学省（２０００）「人権教育及び人権啓発の推進に関する法律」https://www.mext.go.jp/a_menu/shotou/jinken/siryo/1318152.htm（２０２２年5月3日閲覧）
文部科学省（２００２）人権教育・啓発に関する基本計画 https://www.mext.go.jp/b_menu/shingi/chousa/shotou/024/report/attach/1370677.htm（２０２２年5月3日閲覧）
文部科学省（２００４）〔第一次とりまとめ〕https://www.mext.go.jp/b_menu/shingi/chousa/shotou/024/report/04062501.htm（２０２２年5月3日閲覧）
文部科学省（２００６）〔第二次とりまとめ〕https://www.mext.go.jp/b_menu/shingi/chousa/shotou/024/report/06012408.htm（２０２２年5月3日閲覧）
文部科学省（２００８）〔第三次とりまとめ〕https://www.mext.go.jp/b_menu/shingi/chousa/shotou/024/report/08041404.htm（２０２２年5月3日閲覧）
文部科学省（２０１１）『言語活動の充実に関する指導事例集【小学校版】』教育出版．

文部科学省（２０１３）「人権教育の推進に関する取組状況の調査結果について」https://www.mext.go.jp/component/b_menu/shingi/toushin/__icsFiles/afieldfile/2013/11/25/1341056_04.pdf ／（２０２２年10月９日閲覧）
文部科学省（２０１９）「ハンセン病に関する教育の実施について」https://www.mext.go.jp/a_menu/shotou/jinken/sankosiryo/1322245_001.htm（２０２２年５月３日閲覧）
文部科学省（２０２１）「ハンセン病に関する教育の更なる推進について（通知）」https://www.mext.go.jp/a_menu/shotou/jinken/sankosiryo/1322245_003.htm（２０２２年５月３日閲覧）
文部科学省（２０２１）「人権教育を取り巻く諸情勢について～人権教育の指導方法等の在り方について〔第三次とりまとめ〕策定以降の補足資料～」https://www.mext.go.jp/content/20200310-mxt_jidou02-000100368_01.pdf（２０２２年５月３日閲覧）
森実（２０２１）「第三次とりまとめ【補足資料】」の示唆するもの」https://www.nichibun-g.co.jp/data/web-magazine/manabito/jinken/jinken001/（２０２２年５月３日閲覧）
森田満夫（２００８）「人権教育の指導方法等の在り方について『第三次とりまとめ』批判を通して」『部落問題研究』１８６、28―54.
森隆男（１９９４）「尼崎におけるネオ・フォークロア―町工場の語り部に学ぶ―」『TOMORROW』９(2)、81―91.
向井良人（２０１２）「記憶をめぐる行為と制度」『保健科学研究誌』９、49―62.
長崎新聞（２０１９）８月９日のメッセンジャー被爆者・山脇佳朗の歩み・４完「後継者」核兵器廃絶　次代に託す　https://www.nagasaki-np.co.jp/peace_articcle/37314/（２０２３年５月27日閲覧）

長尾讓治・中村明美（１９９６）「ハンセン病差別の克服とノーマライゼーション―東村山身患連活動からの考察―」『帯広大谷短期大学紀要』33、83―94.
中西正司・上野千鶴子（２００３）『当事者主権』岩波新書.
成田稔（２０１３）「序文―語り部活動の魅力と思考の幅広さ」『苦しみは喜びをつくる―平沢保治対談集』平沢保治、かもがわ出版、１―４.
野村敏子（２００８）『語りの廻廊「聴き耳」の五十年』瑞木書房.
オング．W．J．（１９９１）『声の文化と文字の文化』訳：桜井直文・林正寛・糟谷啓介、藤原書店.
大石学〔監〕（２０１８）『戦争体験を「語り」・「継ぐ」広島・長崎・沖縄次世代型の平和教育』学研プラス.
大澤健・江本みのる（２００６）「世界遺産地域における『語り部』の現状と今後の課題」和歌山大学経済学会『研究年報』、10、67―１０８.
大髙俊一郎（２０１７）「国立ハンセン病資料館の活動について」『国立公文書館　アーカイブズ』https://www.archives.go.jp/publication/archives/no066/6582（２０２２年10月10日閲覧）
ピカート．M．（１９６４）『沈黙の世界（１９４８）』訳：佐野利勝、みすず書房.
リフトン．R．J．（２００９）訳　桝井迪夫・湯浅信之・越智道雄・松田誠思『ヒロシマを生き抜く（下）精神史的考察』２８２.
榊原禎宏（２０１０）「沈黙を嫌がる教師―話すという教育的信念をめぐるジレンマ―」『京都教育大学教育実践研究紀要』10、２１３―２１９.
﨑川修（２０２０）『他者と沈黙　ウィトゲンシュタインからケアの哲学へ』晃洋書房.

佐久間建（2014）『ハンセン病と教育―負の歴史を人権教育にどういかすか』人間と歴史社．

桜井厚（2002）『インタビューの社会学 ライフストーリーの聞き方』せりか書房．

桜井厚（2012）『ライフストーリー論』弘文堂．

佐藤一子（2013）「昔話の口承と地域学習の展開―岩手県遠野市の『民話のふるさと』づくりと語り部たちの活動」『法政大学キャリアデザイン学部紀要』10、339―382．

里見実（2000）「対話と沈黙」『教育』50(9)、6―10．

関礼子ゼミナール（編）（2016）『阿賀の記憶、阿賀からの語り―語り部たちの新潟水俣病―』新泉社．

志水宏吉（2018）「同和教育の変容と今日的意義―解放教育の視点から―」『教育学研究』85(4)、2―14．

新福悦郎（2010）「判決書学習による人権教育についての実践的研究 いじめ判決書教材をもとに」『学校教育研究』25、166―178．

新福悦郎（2012）「水俣病裁判判決書を教材として資質・能力の育成を目指した人権教育の事例研究」『教育実践学研究』13、1―10．

白尾裕志・山元研二（2019）「道徳の時間と社会科を活用した生徒と共につくる人権教育の授業：判決書教材を活用した体罰問題の授業を通して」『琉球大学教育学部紀要』95、17―27．

添田晴雄（2019）『文字と音声の比較教育文化史研究』東信堂．

須賀忠芳（2016）「『学ぶ観光』の不在にみえる歴史教育の課題」『観光学研究』15、59―73．

高原耕平（2016）「リフトンを日本人はどのように読んできたか」『メタフュシカ』（大阪大学大学院文学研究科哲学講座 編）47、63―75．

髙松秀憲(2008)「同和教育の理念と教訓を重ねて、人権教育の創造を─文科省『第三次とりまとめ』を読み、活かすために」『部落解放研究』182、40─55.
高野尚子・渥美公秀(2007)「阪神・淡路大震災の語り部と聞き手の対話に関する一考察─対話の綻びをめぐって─」『実験社会心理学研究』46─2、185─197.
高山真(2008)「原爆の記憶を継承する─長崎における『語り部』運動から」『過去を忘れない語り継ぐ経験の社会学』せりか書房、33─52.
武田徹(1997)『「隔離」という病』講談社.
武田徹(2021)「経験を語り継ぐ困難とその超克──ハンセン病問題を例に」『社会デザイン学会』13、19─28.
田村朋久(2020)「ハンセン病体験者の語り部機能継承に関する調査報告」『国立ハンセン病資料館研究紀要』7、63─72.
田中洋一(2013)「教材研究 話すこと・聞くことの領域」『教材辞典 教材研究の理論と実践』東京堂出版.
谷口研二(2011)「持続可能な社会づくりの駆動力としての人権教育─『第三次とりまとめ』活用のために」『人権研究ふくおか』14、4─11.
谷富雄[編](2008)『新版 ライフヒストリーを学ぶ人のために』世界思想社.
谷川貴浩・宮脇秀子・新上仁美・天野芳子・近藤真紀子(2015)「後期高齢者となった瀬戸内地区A療養所のハンセン病回復者が語った生活困窮─太平洋戦争前後に入所した回復者の語りより」『日本ハンセン病学会雑誌』84、37─50.

寺島信義（２００９）『情報新時代のコミュニケーション学』北大路書房.
東京都（２０１５）「東京都人権施策推進指針」https://www.soumu.metro.tokyo.lg.jp/10jinken/base/upload/pdf/guideline.pdf（２０２２年10月22日閲覧）
外池智（２０１３）「戦争体験『語り』の継承プログラムに関する研究―広島、長崎の取り組みを事例として―」『秋田大学教育文化学部教育実践研究紀要』35、１―13.
辻村（伊藤）貴子（２０２１）「新型コロナウイルス感染症と法の関わり―日本における行動制限措置と偏見差別をめぐって―」『国際交通安全学会誌』46(1)、22―31.
鶴田清司（２０１０）「授業における沈黙の意味―武田常夫の事例を中心に―」『東京大学教育学部紀要』23、３７７―３８６.
上間かな恵（２０１２）「記憶の継承―『沖縄戦の図』をめぐって」『時代を聞く―沖縄・水俣・四日市・新潟・福島』池田理知子・田仲康博編、せりか書房、42―66.
内田博文（２０２１）「差別・人権侵害の拡大とその正当化は許されない ハンセン病者差別の歴史からの教訓」『部落解放』増刊、１５１―１６５.
梅田修（２００８）「人権教育の新たな指導方針をめぐって―文部科学省・調査研究会議『第三次とりまとめ』批判―」『解放問題教育』１８６、２―27.
梅野正信（２００２）『いじめ判決文で創る新しい人権学習』明治図書.
梅野正信・蜂須賀洋一（２０２０）「『特別の教科 道徳』の教科書に見る人権教育関連題材の研究」『上越教育大学研究紀要』39(2)、２３３―２４６.

内海﨑貴子（2018）「『性の多様性』を教材とした『特別の教科道徳』における人権教育―小中学校での授業実践事例から」『教職研究』30、9―23.
若井彌一（2008）「教育と時事―解説・提言(58)人権教育の指導方法第三次とりまとめ」『教職研修』36(9)（通号429）、92―94.
若松英輔（2021）『沈黙のちから』亜紀書房.
ワーチ．J．V．（1995）『心の声』訳：田島信元・佐藤公治・茂呂雄二・上村佳世子、福村出版.
Wiemann, J. M.（1977）. Explication and test of a model of communicative competence. Human Communication Research, 3、195―213.
屋嘉比収（2009）『沖縄戦、米軍占領史を学びなおす―記憶をいかに継承するか』世織書房.
やまだようこ（2000）「展望 人生を物語ることの意味―なぜライフストーリー研究？」『教育心理学年報』39、146―161.
やまだようこ（2005）「ライフストーリー研究　インタビューで語りをとらえる方法」『教育研究のメソドロジー』東京大学出版会、191―216.
山元研二（2011）「人権教育の視点から考えるハンセン病問題の授業開発」『学校教育研究』26、165―176.
山元研二（2014）「判決書教材を活用した戦後補償の授業「慰安婦」問題を素材として」『社会科教育研究』14（121）、115―126.
山脇佳朗（2013）『あしあと』長崎文献社.

矢守克也・船木伸江（2008）「語り部活動における語り手と聞き手との対話的関係―震災語り部グループにおけるアクションリサーチ」『質的心理学研究』7、60―77.
吉田菜美（2006）「原爆体験とその思想化―語り部・安井幸子さんの事例研究」『架橋』（長崎大学）7、83―114.
吉武正樹（2015）「コミュニケーション教育研究の次元を開く―教室と社会をむすぶ発達の最近接領域―」『日本コミュニケーション学会』44―1、57―66.
米山リサ（2005）（原著1999）『広島記憶のポリティクス』訳：小沢弘明・小澤祥子・小田島勝浩、岩波書店.
全国戦災障害者連合会〔編〕（1975）『戦争の語り部として―民間戦災障害者の30年―』若樹書房.

資料

資料Ⅰ―1　「語り部」の「語り」（佐川修氏）　2010年12月16日

※傍線部は、資料館が講演収録後にナレーションを加えた部分、太字は筆者が加筆。

〈自己紹介〉

みなさんこんにちは。私はこの資料館の運営委員並びに語り部をしております佐川と申します。始めにこの資料館のことをちょっと申し上げますと、この資料館は平成5年6月25日に高松宮記念ハンセン病資料館としてオープンしました。現在17年目に入っておりますけれど、今までに大体約22万人余りの方が入館しております。

〈ハンセン病の起源〉

ハンセン病は、昔は「らい病」、「かったい病」、「なーりんぼう」、「どす」、「不治の病」、「業病」、「レプラ」いろんな名前で呼ばれておりました。紀元前5世紀頃にはすでにあった病気で、聖書の中にも仏典の中にもその記述がございます。この病気の発祥地はインドといわれ、インドからヨーロッパの方へ、またアジアの方へ広まったといわれております。

〈ナレーション〉

ハンセン病はらい菌に感染することでかかる病気です。これはらい菌の顕微鏡写真です。感染すると手足などの末梢神経が麻痺したり、皮膚に様々な変化が起こったりします。らい菌は感染力が弱く、現在は治療法が確立されていてすぐに治せる病気です。しかし20世紀半ばまで感染病には有効な治療法がなく、コレラやペストと同じような恐ろしい伝染病であると考えられていました。明治40年には家を出て放浪する浮浪患者を取り締まる法律も作られ、患者を隔離する動きが広がりました。

〈日本におけるハンセン病の歴史〉

近代日本のハンセン病の歴史について大まかに話をしたいと思います。なぜ、歴史を話すかというと、皆さんは今までにハンセン病のことをいろいろ話を聞いたり、また勉強もされていると思いますけれど、今日の歴史の話を聞いたことによって、自分の聞いた話がいつの時代のことであったか、またどういう状況の下の話だったたか、またこれから聞かれる話も、この歴史を聞くことによって理解が一層深まると思うので、簡単ながら歴史を話したいと思います。

〈多磨全生園の始まり〉

多磨全生園は1909（明治42）年に、当時府県立、国の政策じゃあなくて、各県やなんかにみんな責任を持ってやれということで、府県立の病院として建てられました。この全生園は第一区連合府県立東京府（当時）と関東6県、新潟・長野・山梨・静岡・愛知までを含めた1府11県が、この全生病院の管轄だったんです。第二区は青森、これは東北6県と北海道が管轄です。第三区は大阪、第四区は香川、第五区は熊本です。しかしこの5つの療養所を作った最初の目的は、浮浪患者を取り締まるということに目的があったんですね。当時3万人ともいわれた患者がですね、アメリカやイギリスフランスから来た宣教師の人や、日本人では山梨県の身延で日蓮宗のお坊さんが小さい病院をやっていましたけど、そういう病院全部合わせても、2～300人しか収容できない、だから2万何千人という患者の中には、みんな巷を放浪して神社やお寺で寝泊まりをして参詣人から施しを受けたり、また四国の八十八か所をお遍路してまわって、途中で野垂れ死にをしたりする。そういう患者を外国人に見られると恥ずかしい。だから収容しろということから始まった療養所なので、各療養所の所長さんは全部警察官あがりです。この全生病院の初代院長の池内才次郎さんももちろん警察官で、「お前らをどのように扱っていいかさっぱりわからん。まあ刑務所の囚人の罪の罪一等を減じた程度でよかろう」とそういうことを言って、そのような扱いをしたということが、記録に残っております。

〈ナレーション〉

現在日本には国立私立合わせて15か所（２０１０年当時の数）の療養所があります。かつての全生病院、現在の多磨全生園があるのは東京都東村山市。療養所の多くが交通の便の悪いところにあるのは当時それが患者の隔離を目的として作られたことを示しています。

〈東村山に決定した経緯〉

この全生園は最初、目黒に建てようと思ったんですね。ところが目黒の住民に反対された。それで田無にきたら田無の住民にも反対された。それで清瀬に話を持っていったらここでも反対された。それで東村山へ来たらば、村議会が賛成をして、それで15人の地主から3万６００坪の土地を買い上げたんです。なぜ東村山が賛成したかというと、その当時は、一坪50銭というのが相場だった。ところが一坪2円80銭で買い上げたんです。もう6倍近いお金で買いあげた。そのために地主がみんな手放したわけです。ところが、周りの住民がみんなそれを反対して、それで東京都から使節団が来た時には、100人以上の住民が、こん棒や鍬なんかを持って視察団に襲いかかった、殴りかかった。それで当時の立川村長は逃げて、その時打たれた傷が元で、一生手が上がらなかったというような状況がありました。それで翌日、市内から警官が来て54人の人が検挙されましたけど、そんな大事件があって全生園は開かれたわけです。ところが、この3万600坪の土地をどうしたかというと、官舎地区と患者地区に分けて、患者地区の周りには幅が4m高さが3mの空堀を作って、その土を盛り上げた土手の上にはカラタチを植えて、逃走防止用にそういう警戒をした。請願巡査が6人もいて、それが交代で正門の前で見張りをしていた。そういう中で療養所が開かれたわけです。それで中はみんな山林ですから、それをみんな患者に木を切らせて根っこを掘らせて開墾させた。

＜患者の権利を拘束・制限する方策＞

①懲戒検束権

大正4年頃には既に、院長に対して懲戒検束権が与えられて、監禁所ができた。だから園の規則を守らない者、職員に反抗する者、逃走する者、そういう者はみんな監禁室に入れられた。また入園者心得というものが作られて、それが各舎の廊下にみんな貼りだされた。それは「木を切ってはいけません」とか、あるいは「ケンカをしてはいけません」とか「博打をしてはいけません」と。それで「男女みだりに交際すべからず」といって女性舎へ遊びに行くこともだめだとそう言われた。それで言うことを聞かない人はみんな監禁室に入れられたんです。

②園内通用券

それからみんな、園内通用券というお金に換えられたんです。入園するとお金を全部取り上げられて園の中でしか使えない園券、おもちゃみたいな園内通用券っていうお金を渡されて「これを使え」と。これは逃走防止用なんです。これは（多磨全生園では）昭和27年までこの園内通用券が使われました。

③結婚

それでまた園の中で「結婚したい」と当時はみんな若いですから結婚は認めたんです。ただ男の人に子どもができない断種手術をしてから結婚を認めるんです。ところが万一（子どもが）できてしまうと、すぐに堕ろしてしまうんです。そういう堕ろされた子どもが、今度（熊本）の裁判の検証会議で調べた結果、全国で今までに3，173人の子どもが堕ろされたという報告が出ました。しかも、まだ6つの療養所に116体の胎児のホルマリン漬けの標本が残っているという報告があって、うちの園でも早速調べてみました。そうしたら解剖室にちゃんと35体の胎児のホルマリン漬けの標本が残っていました。全生園ではその遺体を一体一体火葬して、それで合同の慰霊祭をやって納骨堂の境内に「尊厳回復の碑」という供養塔を建てて、そちらへ遺骨を納めています。

④面会時の対応

ところで当時はですね、家から面会が来ると、職員がみんな立ち会うんです。それでお金を渡すんじゃないかと、お金を渡したらすぐに取り上げてしまって園内通用券に換える。また「お父さんはタバコがすきだから」って巻きタバコを持ってきたら、「患者のくせに巻きタバコを吸うとは生意気だ」と言って、目の前で3つに切られて、キセルで吸えとそうやって渡された。荷物が来ると、それを検閲するわけです。荷物を開けてお金が入っていないかと、そういうのを職員が監視する。

⑤学問の自由の否定

まあ集会所があるんですけれど、そこの図書館にあるたった一つの新聞ですね、みんなが見に行くと黒く塗られてある。なぜかというと、こういうところはお前たちはもう読まなくていいと。

〈**ナレーション**〉
こうした状況をいっそう厳しくしたのが昭和6年にできた癩予防法です。この法律は全てのハンセン病患者を国立の療養所に収容するというものでした。この法律ができたことで浮浪患者だけでなく自宅で暮らす患者までもが強制的に収容されるようになったのです。

〈**全生園以外で発生した事件**〉
昭和11年には、長島愛生園で長島事件というのが起きたんですよ。８００人ぐらいの定員のところへ1，２００人も入れて、それで８００人分の予算で飯を食わせた。多磨全生園は、12畳半に8人が生活していましたけれど、長島愛生園は9人も10人もそういう生活をした。それで患者たちが、これじゃ生きちゃいられない、助けてくれというんで、恵の鐘をたたいてみんな集まって、もう園長はやめろとか俺たちの自治会を作るのを認めろとかいろいろな要求を出した。ところが警官を導入してそれを鎮めてしまった。だから園長は辞めない、ただ自治会を作るのだけは認めた。

〈**草津の重監房**〉
それでその後、患者が騒ぐと困るっていうんで、昭和13年に草津の療養所に、監禁所の他にもうひとつ重監房を作ったんですよ。私はその重監房の飯運びを半年間やりましたけれど、その間に2人死んだ。9年間の間に93人の人が入れられて、冬は氷点下16～17℃にもなるんです。ところがせんべい布団一枚と掛け布団が一枚、そういう中で23人の人が凍え死んだ。そういうひどい扱いをみんなして、病人と思って療養所に入れたんじゃない、みんな囚人と思ってそのような扱いをしたということが、療養所の始まりはずっとあったわけです。

〈患者作業の実際　昔と今〉

そういう中で、患者たちは一生懸命働きました。作業をやるのが日課みたいになっていた。多磨全生園も1，200人くらいいる中で850人くらいの人がみんな作業をしていた。今多磨全生園は、入所者は274人です。昭和18年には1，518人もいたんです。昭和54年でも1，000人いたんです。それが今は274人。ところが、職員は賃金職員まで含めると380人くらいおります。看護師さんも140人もおりまして4つの病棟や外科、内科、眼科、歯科、耳鼻科、皮膚科などの外来を診ております。ところが昭和26年頃は、患者が1，200人いるのに、職員は全部で107人しかいないんです。看護師さんも10人もいないんです。そのため今看護師さんたちがやっている4つの病棟の看護一切、それから不自由者センターの目の見えない人、手足の悪い人も看護一切は、全部患者作業でやっていました。

〈ナレーション〉

医師も看護師も少なかった療養所では患者が患者の面倒を見ていました。患者の中には職業の知識や技術を生かして働く人もいました。全生園で一番多かったのは農家の人たちです。野菜や果物を育てて収穫したり、豚や乳牛を育てたり精米も行ったりしてそれを給食へ収めていました。お茶を栽培する人もいました。患者の中には大工さんもいて寮舎や神社を建てました。また園内で生涯を終えた患者たちの霊を慰めるために納骨堂も作りました。そしてこうした労働は目の見えない人や子どもたちにも例外なく強いられました。

〈患者作業の実際　低賃金〉

死んだ人の死体処理から火葬まで全部自分たちでやりました。とにかく生活に必要な50数種類の作業は全部患者作業です。それで職員は人数が少ないからそれを監督する役目をしていた。それで朝から晩まで暗くなるまで働いても、その作業賃はわずか12銭とか13銭とか、当時でもそれではタバコがやっと1個買えるか買えないかの作業賃なんです。それもおまけに医療費や食糧費、燃料費からやりくりをしますので、作業賃が増えたら食料費が減る医療費が減る、そんなたこ足みたいな予算の組み方でした。戦後、昭和23年からようやく作業賃が予算についたんですけれど、それもやっぱりタバコ銭に毛が生えた程度です。

〈プロミンの発見〉

その頃、昭和18年ですけど、アメリカでプロミンという特効薬が発見されたんです。これは最初、結核の薬として作ったらしいんです。ところが結核の人には全然効かなかった。でも当時はハンセン病患者の中にも結核患者がいっぱいいたんです。そういう人にプロミンを打ったところ結核は全然良くならないのに、ハンセン病の方はみるみるうちに良くなってきた。それでびっくりして、これは「ハンセン病の特効薬だよ」ということになって、それをアメリカで学会誌に発表したんです。日本は戦争のために遅れましたけれど、昭和21年に東大の石舘守三先生が、このプロミンの合成に成功して、この全生園で3人の患者に試験的に打ってみたんです。そうしたらみるみるうちに斑紋がひいて結節がひいてのどを切らなきゃいけないと言われた人が、3月もしないうちに歌まで歌えるようになったんです。それでみんなびっくりして、「これは本物だ、本物だ」というんで、みんな飛びついたんです。まあそれまでもですね、特効薬だ、新薬だと薬はいろいろ出ました。みんな買って飲んだり打ったりしたんです。でも、どれも効かなかったんです。私もセオラチンという飲み薬をずいぶん飲みましたけれど全然効かなかった。友達は「あんちゃん、悪いけどな、それセオラチンじゃないよ。それは本当は、ナオランチンだよ」なんてからかわれたりしたんです。ところがこのプロミンだけは誰も疑わない。でもいくら戦後とはいえ、一本50円という非常に高い注射薬で、手も足も出ないんです。それでも欲しい人は、家のある人は家に泣きついて、何とかしてくれ、何とかしてくれよと。まあ家のほうでも、しょうがない親父のためだ、息子のためだというんで、畑まで売ってその金を都合してくれた。そうしたらそのプロミンを打った人は、みるみるうちに良くなってきた。他の人はもう羨ましくてしようがない。もうプロミンが打てなきゃ死んでもいいやというんでハンストを始めて陳情したんです。そうしたら俺も俺もとハンストをする人が増えてきた。その話を聞いた駿河や草津の患者たちもみんなハンストに入って、プロミンください、プロミンくださいって陳情したんです。草津の療養所は１４０人もハンストに入ったんです。そうしたらようやく厚生省のほうも認めて、昭和24年に全国で５，０００万円の予算がついて、希望者は全員プロミンが打てるようになったんです。

〈開放医療への反対〉

そうしたら園の中がすっかり明るくなってきたんです。そうです。プロミンでどんどん良くなってくるからそりゃ明るくなるのは当たり前、それで他の国はみんなこのプロミンで治ることを証明してみんな開放医療にした。もう菌の無い人、再発のおそれのない人は、みんな社会へでなさい。再発したらいつでも戻ってきなさい。薬がほしいときはいつでもきなさいって皆退院させたんです。ところが日本はどうかというと、昭和26年に参議院の厚生委員会で多磨全生園の林園長、長島の光田園長、熊本の宮崎園長という3人の実力者の園長を呼んで、「どうなんだ。日本もそろそろ隔離をやめて、開放医療にしたらどうだろう」ということを諮問しようとしたら、3人の園長は「とんでもない。今良いように見えても、この菌はどこに潜んでいるかわからない。だからもっと厳しく強制収容してくれ。療養所に入らない連中は、手錠をはめてでも、療養所に入れるようにしてくれ。また、子どものできない手術も、患者だけでなく患者の家族もその手術をするように法律を改正してくれ。ついでに逃走罪もひとつ作ってくれ」とそんなような国会証言をしたんですよ。さあそれを聞いた全国の患者たちはびっくりしました。

〈**全患協の立ち上げ**〉

戦争が終わって民主主義になって、人権が云々されるのに、こんな酷い話があるか、もう世界中で隔離を続けているのは日本だけじゃないか。これはなんとしても自分たちの手で、このらい予防法を改正してもらおうということで、昭和26年に全国の患者自治会が立ち上がったんです。(昭和26年当時は)奄美大島と沖縄まだ日本に復帰されていません。青森から鹿児島までの10か所の国立療養所の患者自治会が、昭和26年に全患協という全国組織を作って、それでこの全生園の中にその本部が置かれました。それで癩予防法を改正してもらうために昭和28年に全国の代表が東京へ集まってきました。ところがその当時でもまだ正式に外出を許されるのは親が死んだときだけなんです。だから代表はみんな無断で夜こっそりと園を抜け出して、まあ今なら新幹線や飛行機があるから早いんですけれど、当時は鹿児島や熊本から来ると、急行列車に乗っても、28時間も30時間もかかったんです。ところが代表の中には手の悪い人もいます。そういう代表は、車掌さんに見つかって、おまわりさんに知らされたら大変だというので、両手をポケットに入れっぱなしにして、3食ぬきで東京へ来たんです。

〈**国会への抗議運動**〉

それで園の中で会議を開いて、全医労も日患同盟も応援してくれる、明日はみんなで参議院の裏へ座り込もうということになりました。ところがその話がどうしたことか、園の幹部の方へ漏れてしまった。園の幹部はこれは大変だというので、すぐに警察に連絡をして、清瀬と秋津の駅に張り込むことにした。それを知った患者たちは、捕まったら元も子もないということで、午前2時頃に起きて、それで清瀬の先の東久留米、秋津の後の所沢の駅まで夜道をトコトコ歩いて行って、そこから電車へ乗って、国会の裏へ集まったんです。それで参議院の裏へ座り込んで陳情を始めました。私は当時草津の療養所にいたんですけれど、私もその座り込みに参加して、43日間、東京で頑張りました。国会や厚生省には15日間も座り込み、この中の会議に参加したりしました。

〈運動の敗北　らい予防法成立〉

ところが、昭和28年に政府が出したらい予防法の改正案はそのまま通ってしまった。それは昭和6年のあの悪名高い癩予防法が、言葉だけが柔らかくなった程度で、隔離も外出禁止も消毒も何ら変わってない。ただ9項目の付帯決議がついて、まあ多磨全生園の隣に国立の研究所を作ってあげる、家族には生活保護法並みの援護費をつけてあげる、近い将来必ずこの法律を改正してあげるからという付帯決議が付いたんですけれど、それから43年間、先ほど言いました全患協本部で何回もらい予防法を改正してくださいって陳情しても振り向いてもくれなかった。昭和30年にはローマの国際会議で、昭和33年には東京の国際らい会議で世界中の関係者から日本のらい政策は人権無視の恐れがあるということで非難されたんです。それでも知らん顔をしていた。

〈らい予防法の廃止〉

それがようやく世論が盛り上がって、平成8年4月1日に89年ぶりに、このらい予防法が廃止されました。その時、菅直人さんが厚生労働大臣でした。それで菅さんがここへ来て、私たちと一緒に全生園の公会堂へ行って、「長い間皆さんや家族に辛い思いをさせて、本当に申し訳ありませんでした」というお詫びの言葉がありました。まあ、多くの人はそれで納得したんです。でも一部の人は「何だあれ」と菅さんは法律の改正が遅れたということを詫びただけで90年もの間、こういう憲法違反の人権無視のこんな酷いらい予防法で、どれだけ多くの患者や家族が自殺をしたり、家庭破壊を起こしたか知れない。そういうことについて一言も反省の言葉もお詫びの言葉もないじゃないか。これじゃ俺たちは死んでも死にきれないよということで、13年前に平成10年、熊本と鹿児島で13人の人が、国を相手取って裁判を起こしたんです。これがいわゆるらい予防法違憲国賠訴訟ですね。

＜ナレーション＞

ハンセン病回復者の人たちは人権回復と社会復帰を目指して長年闘い続けてきました。その運動を支えた人物の一人に大谷藤郎さんがいます。昭和34年に旧厚生省に入省し昭和47年には国立療養所課長となった大谷さん。健常者も障害を持つ人も互いに尊重しあう社会を目指しました。

＜大谷先生との出会い＞

大谷先生が、療養所の課長になったら、課長室に代表をみんな入れてお茶まで出してくれるんです。それで他の職員がみんなびっくりして「先生大丈夫ですか」って言ったら、「何が大丈夫だ。同じ人間じゃないか」と逆に職員を叱りつけた。そうしたら、他の職員もだんだん慣れてきて、それからは一緒に農林省のほうへコーヒー飲みに行こうとか、食事に行こうとか誘うようになった。その大谷先生がですね、そのところはみんな独身者も不自由者も一部屋4人も5人も共同生活をしていた。それで可哀そうだっていうんで、整備費を一挙に3倍に増やして、それで四畳半の個室をみんな作って、一人ずつみんな個室に入れるようにしてくれた。

＜高松宮記念ハンセン病資料館の設立＞

その大谷先生は、後に公衆衛生局長と医務局長をやって、厚生労働大臣官房審議官になって栃木県の国際医療福祉大学の学長になって退職しました。それで藤楓協会というところの理事長になって、それでこの資料館を作ったんです１９９３年に。この資料館ができたことで、日本のハンセン病事情は大きく変わったんです。今までハンセン病は患者も家族も職員も退院した人も、みんな隠そう隠そうとしていた。何か記事や新聞が出ると、すぐ行って、そんなの取り消せって言ってた。ところがそれではいつまで経っても啓発にはならないっていうことで、この資料館ではみんなあからさまに、一つずつ話して徐々に理解をしてもらった。それがマスコミでも大きく取り上げるようになって、だんだんハンセン病のことがみんなに知られるようになった。衆議院の国会議員がバスでここまで来たんです。裁判の時は、全国の弁護士がみんなここへ来て、いろんな資料を買っていった。また裁判の時には、方々の県知事がまあ7人も8人もみんなここへ来た。いろんな人権団体や看護学校の学生や、いろんな人権、婦人会の人や障害者団体やいろんな人がここへ来るようになった。それでだんだん、資料館のことが理解され、またハンセン病のことが理解されるようになったんです。だから隠したんじゃだめ、無知じゃだめだということを私は本当に強く思います。

＜多磨全生園１００周年　感染者ゼロ＞

こういうハンセン病の歴史は１００年あります。多磨全生園は２００９年１００周年を迎えました。この１００年の間に職員にこの病気が感染した人は一人もおりません。大勢のお医者さんが自分や自分の家族にまで、ハンセン病の菌を注射して、なんとか人工培養を成功させようと研究を続けましたけれど、一人も成功していないんです。国立研究所で55年間研究を続けていますけど、未だに人工培養ができないんです。うちの入所者は後遺症があっても、99％は菌陰性です。１％の人は菌があっても、こすりつけてもうつるような菌じゃない。ハンセン病の菌は、それほど弱いんです。それなのになぜこれほど恐れられたり怖がられたりしたか、それは、私は一つは国の政策にあり、一つは医者の怠慢、一つは無知からだと思います。

〈国の愚策〉

国はですね、この患者が1人出ると、その患者がまるでコレラかチフスのように、ものすごい伝染病だという印象を国民に植え付けてしまった。必要でもないのに家が真っ白になるくらい消毒したりして、手錠をはめたりして患者を療養所へ連れてきた。また外では一切薬を売らないで、療養所に行かなければ治療ができないようにした。また、昭和5年ごろからは、各県でみんな無らい県運動を起こして患者たちをみんな追っ払った。そういうことが自然と国民の間に、ハンセン病はものすごい伝染病なんだな、こわいんだなと、そういう印象を植え付けてしまったと思うんです。

〈医者の怠慢〉

もう一つは医者の怠慢と言いましたけれど、日本は昭和24年から本格的にプロミンという特効薬が使われるようになったんですけど、このプロミンはですね、どんな人にもよく効いた。特に一番病状の悪い人が一番良く効いた。みんな傷が治ってきた。菌がなくなってきた。それで世界各国の人はみんな開放医療にしたんですよ。ところが日本の医者それを認めなかった。10年や20年経ってみなきゃ分からないとか言って、そのプロミンの効果を日本の医者は認めなかった。ところが１９９６年にらい予防法が廃止されたときに、ハンセン病学会は「昭和28年のらい予防法はすでにもう要らなかった。あの時はもう病気がみんな治るようになっていた」ということを声明文の中に入れているんですよ。なぜそれを40年前に言ってくれなかったんだと。非常に残念ですけれど、そういう医者の怠慢があったわけです。

〈国民の無知〉

もう一つは無知からと言いましたけれど、この東村山市には35年も前から、東村山身患蓮（身体障害者患者連絡協議会）っていうのがあります。結核の回復者、肢体不自由者、視力障害者またアルコール中毒症、そして全生園の自治会が入って身患連を作って東京都や東村山市に対して、駅にエレベーターを付けてください、点字ブロックを付けてください、障害者のガソリン税を安くしてください、そういう運動した時には一緒に花見をしたりカラオケをすることもあります。ところで35年前に、初めて園の中でその発会式をやったんです。そうしたら各団体の代表はみんなここへ入ってくるのが怖かったって言うんです、入って大丈夫かな、大丈夫かなと恐る恐る入ってきた。それで入ってきて会議を開いてみたらなんでもない。「はあ、何だこりゃ。何でもないじゃないか」結局何にも知らない。無知がそういう偏見差別を生むんですね、ということを言いましたけど、そうなんです。無知が自分で勝手に憶測をして、そういう偏見差別を生んでしまうんです。だから何でも物事は自分でちゃんと確かめて、正しく判断して、そういう偏見差別を起こさないようにしてもらいたいと思います。

〈5回の法改正〉

１００年の歴史の間に、日本のハンセン病の法律は5回変わりました。前の３つまでは隔離を主体とした法律なんです。ところが１９９6年にできたらい予防法廃止法は、隔離はしちゃだめだと、もうみんな隔離をしないで開放しろということが、らい予防法廃止法という法律なんですね。ところが、らい予防法廃止法ができても、園の中は何も変わりがなかった。それでこれじゃあ、だんだん患者は減るし、社会の人にここを利用してもらおうと思っても、これじゃあできないじゃないか、というところでまたそこで裁判が起きたんですね。その裁判で勝ったんですけれど、やっぱり勝っても何も変わらない。らい予防法廃止法があるからです。これじゃだめだと法律を改正しなきゃダメだということで、2007年から全国で署名運動をしたんです。それでわずかの間に、93万5,000筆の署名が集まってそれを衆参両院に提出して、それで衆参両院で全会一致で可決してですね、昨年4月1日からいわゆるハンセン病問題基本法って言うのが施行されたんです。

＜地域と共に歩む全生園「保育園」＞

この法律の第12条には、療養所の中の入所者が孤立することのないように、地域の公共団体や住民が望むのならば、ハンセン病療養所の土地、建物、設備等を利用に供することができるという条文があるんです。それでうちの自治会は、これを利用して、他の療養所もみんなこれを利用して、市民団体と一緒になって、どうしたら地域の人に利用してもらえるかということで、みんな将来構想の検討を始めたんです。この東村山市、清瀬この一帯は、世界的にも有名な病院街なんです。大きい病院がいっぱいあります。でも東村山市、人口15万人あまりの市ですけど、保育園が足りないんですね。公立・私立・認可・無認可合わせると27の保育園があって、1,835人の子どもが入園しています。でも待機児童が、250〜160人もいる。2年も前から、この中に保育園を建てさせてくれという要求が来ています。それで私たちは、それはいいことだということで、10ばかりの市民団体と一緒になって、この中に保育園を作ろうということで、ずっと運動してきました。国会議員に陳情したり厚生労働省にお願いしたり、その結果、ようやく認められて、それで南の端の方の全生園の角のところをですね、2千平米ばかり貸すことにした。平成24年4月1日（実際の開園は7月1日）からは、新しい保育園があそこに誕生します。私たちは皆子どもがいません。持てませんでした。だから子どもの声を聞くと、非常に嬉しいんです。私たちはですね、この全生園を国民共有の財産として、私たちはまもなく、みんないなくなりますけれど、いなくなっても地域の人たちにここを守って、ここを公園としてみんなで利用してほしい。

〈地域と共に歩む全生園「人権の森構想」〉

それで東村山市も、昨年、いのちとこころの人権の森宣言というのを作ってくれました。それを私たちは納骨堂の手前に記念碑として建てました。それで、「東村山市緑を守る市民協議会も2回も3回も来て、けやきの丘だとか、納骨堂の付近をみんな剪定してくれたり、除草してくれたりします。また東京都の天理教の人たちが、200人も来てですね、さくら公園の除草もみんながしてくれました。東京都の3つの弁護士会が厚生大臣やあるいは東京都知事やこの東村山市に対して、この全生園の緑の森は、国や東京都や市がみんなで守るべきだということを要請してくれています。

〈中学生へのメッセージ〉

そういう人たちに支えられて私たちはいますけれど、どうか皆さんもですね、この全生園が、私たちがいなくなっても残るように、大いにひとつ応援をしてください。それでここへどんどん遊びに来てください。日本のハンセン病回復者はもう20年もしたらほとんどいなくなります。でも、世界にはまだたくさんのハンセン病患者がいます。また障がい者や難病やお年寄りの人はずっと残っていきます。そういう人たちに対して、そういう偏見差別をおこさないでください。優しい思いやりの心を持って接してあげてください。そういうことを私は学芸員さんたちに、ここを啓発の基地として、どうかそういう活動してほしいということをずっとお願いしています。

本日は本当にありがとうございました。

コラム

人権の森構想―全生園内にある花さき保育園（口絵）―

多磨全生園では、「医療・看護・介護の確保と生活環境の改善」、「『人権の森』構想」、「地域との共生」を将来構想の3本柱に掲げています。中でも「地域との共生」を具現化した取組が、花さき保育園の設置（平成24（2012）年）です。園内に保育園を設置することは、国の政策により子どもを持つことが許されなかった入所者の方々に、子どもたちの元気な声に囲まれながら過ごす生活を提供することを意味します。花さき保育園の子どもたちは、全生園内の豊かな自然環境の中で、春は満開の桜に囲まれ、夏には梅採り、秋には木の実や落ち葉拾い、冬には霜柱踏みを楽しみ、生命の営みを肌で感じとっています。運動会、お楽しみ会などは、園内の広場や施設で行い、入所者の方々を招待しています。「日々の愉しみは、花さき保育園の子どもたちと触れ合うことです」これは入所者のお一人、山内きみ江さんのお言葉です。

【参考】ハンセン病に向き合う人々　https://leprosy.jp/people/yamauchi_katanoda/

資料Ⅰ—2 「語り部」の「語り」（平沢保治氏） 2010年3月12日

※傍線部は、資料館が講演収録後にナレーションを加えた部分、太字は筆者が加筆。

〈自己紹介〉

こんにちは。ハンセン病とはどういう病気だったのか。私自身はハンセン病に13歳の時になって、ちょうどあなたがたの年齢で、この多磨全生園に入院いたしました。

〈ハンセン病〉

ハンセン病は、かつては神様が罰を当てた人がなる病気、悪いことをした人がなる病気だと言われました。天刑病、業病と言われました。またお父さんやお母さん、おじいちゃんお兄ちゃんが病気だとその家族は、ハンセン病になってしまう遺伝病だ、こうも言われてきました。

〈菌の発見と病への対応〉

でも、人間の英知はついにハンセン病を病気として位置付けることができたわけです。今から１３７年前、１８７３年にノルウェーのハンセンという人が菌を発見したからです。菌が発見されて、病気となった以上は、何の病気でもそうですけれども、治療して治す、こういうことが普通の考え方でありますけれども、ハンセン病は末梢神経を侵されて、このようにかつては後遺症が残ってしまう、醜くなる。そういう目から見たいやらしさを利用して、菌が発見されたのに、今までの悪い人がなる、神様、仏様が罰を与える病気、そして、遺伝病だ、こういうことをそのままにしてハンセン病は、怖い病気だ、うつる病気だ、こういうことを、お医者さんやお役人さんたちは、声を高くして叫んだために、ハンセン病の人たちは病気がわかると、家族や親戚の人たち、身の回りの人には迷惑をかけないようにということで、今で言えばホームレスのような、そういう生活をさせられたわけであります。

〈法律の制定〉

今から100年ちょっと前に、日本で法律が作られました。その法律は、ハンセン病の人たちは病院に入れて外に出さない、こういう法律でした。病院といっても、刑務所と同じように運営をしなさい。刑務所は悪いことをした人たちが入れられる、刑が終われば出られる。でも、私たちは一旦病院に入れられると、外に出してもらえない。そこで死んで火葬場の煙突の煙としてしか帰れない。

〈現在の状況〉

今、隣にお墓がありますけれども、平成21年現在、らい予防法後4，070人が亡くなり、らい予防法がなくなり、病気になる人もいなくなり、人にもうつらない病気になった。「悪いことしてごめんなさい」といってお医者さんや政府は謝りました。でも骨になっても故郷に帰ることができない人たちが眠っています。

〈牢屋のある病院〉

そして病院だというのに牢屋を作りました。こんな病院どこにもない。どうして牢屋を作ったか。園内の周りにあるヒイラギの垣根、あの垣根は2メートル以上高くありました。柵がゆってあって犬の子一匹外に出られない。そこを一歩でも外にでると、子どもでも牢屋に入れられる。みんな（国民）を病気から守るということで、私たちは閉じ込められたわけです。

〈治る病気になったハンセン病〉

でもハンセン病は、そんなに怖い病気か。今では、病気になる人は、誰もいない。たとえ病気になっても1年間薬を飲めば良くなる。うつるのかといっても、いまだに試験管の中で菌を増やすことはできない。菌が増やせないのに、そう簡単に人にうつるはずはないのに、そういう現実を無視されたわけであります。

〈ナレーション〉

療養所に入ると患者は病気の重さなどでグループに分けられ、集団で生活しました。これは症状の軽い人が暮らす雑居部屋です。子どもの患者は男女別に分かれて暮らしました。寮父・寮母と呼ばれる大人の患者が親代わりになって子どもたちの面倒を見たのです。平沢さんはこうした施設に入所したのです。

〈全生園への入院〉

東京大学の立派な先生から「平沢君は1年治療すれば帰れる」こう言って紹介がありました。「東京大学の病院でも治療してあげられるけど、お金もいるよ。東村山には極楽の病院がある。お金もいらない。食べ物もただ。家もただ。お医者さんがいる。映画なんかも見られる」こういうふうに言われて入ってきました。入ってみるとびっくりしました。学生服は全部脱がされて裸にされて、園内だけの縦縞の着物を着せられて、名前をどうするかって言われた。何で名前をどうするか。1年で帰れるって言うのに名前を変えたら学校に戻れない。そう思ったけれども私は平澤の「澤」を易しい「沢」に変えて入院しました。

＜共同生活の中でのいじめ＞

18畳の部屋に10人以上の人が共同で生活する。いじめにもあいました。手足を縛られてそういうところに吊るされたり叩かれたりして今でも耳の後ろに穴が開いています。

なぜ、いじめられたか。私のお母さんは清瀬の駅からバスに乗ると、当時のお金で10円。そのお金を惜しんで、重いリュックサックを背負って私のところに食べ物を運んでくれた。もしお母さんがそうしてくれなければ、私はとっくに死んでいたかもしれない。すると、家族やお父さんやお母さんが面会に来ない人、手紙が来ない人もいます。世の中にはいろいろな人がいて、この病院に子どもを預けて全然来てくれないお母さんお父さんもいた。そういう人たちは私に手紙がくると、手紙をとって破って火鉢の中で燃やしてしまう。でも私は「ああ、この人たちは本当に寂しいんだな」私をいじめるのも、私の手紙を取っちゃうのも、面会に持ってきてくれたものを食べるのも、お父さんお母さんが来てくれない、この人たちは気の毒で可哀想だなあ。私はそれにしてもいいお母さんに恵まれ、幸せなんだな。こう思って、そのいじめに耐えました。

＜ナレーション＞

療養所の暮らしは辛いものでした。それは患者なのに病院で働かなければならなかったからです。患者が看護師の代わりに働くこともあれば、食事や洗濯、掃除、大工仕事もしたのです。たとえ目が見えなくても働かなければなりませんでした。さらに療養所の食事の材料を園内で作ることもしていました。子どもも働かなければなりませんでした。これは治療に使った包帯を洗って巻き直している子どもたちです。平沢さんが療養所に入った頃、日本はアメリカや中国と戦争中でした。戦場では多くの命が失われ、国民は苦しい生活を強いられていました。戦争が激しくなってくると日本も攻撃を受けるようになります。被害を受ける療養所もありました。

＜戦時中の園内の暮らし＞

園内の弱い人の面倒を見る、家を建てる、40近い仕事は我々入所者が仕事をする。その仕事をちゃんとしなければ監房に入れられる。子どもでも、目が見えなくても園内の何かの仕事をしなければならない。全生園のこの土地は東京ドームが7つできる広さです。35万平方メートル11万坪近くあります。この土地を広いなあと思うかもしれないけれど、私たちはそこだけしか行ける所がなかった。そこで生きる他になかった。だからそんなに広い土地ではないわけです。戦争もだんだん激しくなって、食べ物もなくなる。1日に1食、じゃがいも1個、サツマイモ半分。おなかがすいて夜も眠れない。皆さん方にそんなこと言うと叱られると思うけれど、理解してもらえないかもしれないけれど、私は人間の肉以外は何でも食って頑張りました。夜中にお腹がすいて、眠れないときは、タオルを水に浸して口でくわえて寝たこともあります。多くの人が栄養失調でだんだん死んでいきました。B29も毎日のように空襲でくる。

＜敗戦後の暮らし＞

そして日本は戦争に負けました。私は、戦争に負けるなんてことはない。神の国日本、天皇陛下がいる日本が（負けるわけはない）こう思っていました。でもそのことが分かったとき、あなたたちに自慢で話せないけど、やけになって、西武電車、昔は武蔵野電車と言ったその電車に無賃で乗って、池袋とか浅草、上野の闇市にいってケンカもしました。飲めない酒も飲みました。それがたたって、病気が悪くなってしまいました。

〈**プロミンの導入と社会復帰の断念**〉

その時に結核のために作った薬が、「結核には効かないけど、ハンセン病に効く」ということで日本に入ってきました。でもね、国はハンセン病の人を治してやろうっていうんじゃないから、薬を買うお金を出してくれない。私の母は、土地を売ってお金を工面してくれた。私は今でも両腕に青いあざが残っていますけど、注射を毎日打って、菌はあっという間にいなくなった。どのくらい薬を使えばよいか、菌を培養できないから適正な量がわからなかったために、薬をやりすぎて手がピリピリして竹籠作りの仕事ができなくなった。社会復帰を諦めて、今から60年前に結婚しました。結婚しても、ハンセン病の治った人たちは、でも、子どもを持つことを許されない。

〈**ナレーション**〉

治療法が見つかりハンセン病は治せる病気になりました。しかし政府は政策を改めませんでした。病気の正しい知識を無視して患者の皆さんを社会から隔離し不自由な生活を強制し続けたのです。自由と平等を求める運動が全国の療養所でおき、平沢さんもこの運動に積極的に参加したのです。

〈**障害者運動への参加と続く偏見差別**〉

私は、自分がハンセン病で苦しんだ。心を病んでいる人たちや車いすの人たち、他の病気で苦しんでいる人たち、弱い人たちが幸せに生活できる、生きられる社会を実現する。そういうことで、60年近く患者・障がい者運動に身をおいておいております。清瀬や秋津や東村山や東久留に行っても、私たちが「このおまんじゅうをください」と言っても売ってくれない。「これは予約中です」。この近くでは「全生園の人はお断り」って張り紙をされた。さっき言ったように、私は障害がい者運動で東京に行き、夜遅くなる。タクシーに乗っても「全生園」って言うと降ろされてしまう。私が座った後は、消毒もされる。患者会へ行っても、そして市役所に行っても、昭和50年代の前半、1970年代の後半まで、私に湯呑でお茶を出してくれなかった。紙コップです。そういう差別をされました。いじめを受けました。

〈差別につながる自身の意識〉

じゃあ私は誰も差別していなかったか。私は後遺症で手が悪いからアメの包み紙がむけない。結核で咳をしている人が「平沢さんアメ舐める」(結核患者さんがアメの紙を)むいて私の手に乗せてくれる。「ハンセン病になって、また結核がうつったらどうしようかな」そう思いました。精神障害者の人が大きな声、わめいたりされると「ああ困ったなあ」こうも思いました。知的障害者の人がバスの中で「平沢さーん」とでっかい声をかけられると、びっくりして恥ずかしくも思いました。人間の中には、差別してはいけないと思いながらも、差別を受けながらも自分が差別してしまう。こういう心の中に、悪魔のような悪い部分があるわけです。ではそれをどうするか。「許す心」「恨みを恨みで返さない」そのために私たちは40年前から木を植え続けました。全生園には、今3万本、250種類の木があります。地域に感謝のしるしとして緑を残していこう……。

〈ナレーション〉

現在の多磨全生園です。4月、入所者の皆さんが長年植え続けた桜の木が満開の時期を迎えています。全生園は桜の名所として知られ市民の憩いの場になっています。桜だけでなく園内は1年を通じて様々な花を楽しむことができます。園内の緑は入所者と市民、お互いの理解を深める大切なきっかけになっているのです。

〈全生園の今昔〉

全生園に私が来た時は１，３００人も入所者がいた。働く職員はたった50人。今は入所者が２８３人、職員は４１０名います。看護師は私が来た時はたった10人だった。今は１５６人。家もみんな雑居で生活していたのが、みんな一人で暮らせるようにしました。お医者さんにも来てもらえるようにしました。らい予防法がなくなり、裁判に勝ち、こうして私自身、生きていますけれど、故郷に帰れる、生まれた家に足を踏み入れる日が、まだまだ宇宙のどこよりも遠いところであります。

〈平沢の出自〉

らい予防法が廃止されるまで、地元のみなさん子どもさんたちから「平沢さんどこ（出身地）？」と聞かれると「北関東の生まれです」と言っていた。らい予防法が廃止になって「茨城県」と言うようになりました。２年前から茨城県古河市と言うようになりました。私の故郷は城下町、お寺がいっぱいある。

〈母校での講演と変わらぬ意識〉

それで私は一昨年（平成20年）12月4日、70年振りに私の母校の小学校に行って講演しました。子どもたちは「平沢さんお帰りなさい」、「ハンセン病にかかって苦しんだのだろうけれど、私たちの先輩として誇りに思います」こういう作文を書いて送ってくれました。でも、私の実家からは誰も来てくれない。私には弟や親戚の人がいっぱいいます。そういう時、親戚の人たちは小さくなっているでしょう。私の弟たちやその子どもや孫たちもひっそりとして。ということはいまだにハンセン病に対する間違った考え方があり、（病気の正しい知識を）知らないために、もし、私が肉親だということになれば、みんなから差別、いじめを受ける。これが現実です。

〈1%を他の人のために〉

一度間違った考え方で植え付けられた思いは、なかなか解きほぐすことができない。今日170数名の人たち、これから来年・再来年は進学、そして、高校出たら働こうとしても働くところも少ない、無理に学校に行ってあるいは家庭で生きていく上には、いろいろな苦しみが多いわけです。でも99%自分のことに力を入れる中で1%を他の人たちに心を寄せあってください。猿山のボス猿、何かあげれば自分だけでムシャムシャ食ってしまう。でもあなたたちのお父さんやお母さんやお姉さんやごきょうだい、誰を一番大事にするでしょうか。

〈幸せは自分で作る〉

そうした人間にはハート、愛があるわけです。私はどうにもならない精神がある。さっきも言ったように若い時は悪いこともした。でも、それに気付いて人間らしく生きようとした時、今日の幸せをつかむことができたわけであります。幸せは、喜びは、自分で作るものなのです。人が与えてくれるものじゃない。ちょっと難しいかな。皆さん方も、もう中学2年生になったのだから、ちょっと考えてみてください。そして悩んでいることがあったら、お父さん、お母さん、先生、友達とよく話し合ってください。卑しくも自らの命を絶つようなことは絶対にあってはならない。この命はこの地上で一回だけ、あなたたちと私たちに与えられた尊いものなんです。誰もが、いろいろな立場で命を生きていかなければならない。皆さん、地球の21世紀の宝物は何か。お金でしょうか、物でしょうか。この世の中で社長さんや偉い役人や政治家になる人がいるかもしれません。でも、総理大臣一人では日本の国は成り立っていかない。バスの運転士さん、パンを作る人、家を建てる人、弱い人の面倒を見る人、銀行でお金を勘定する人、いろいろな立場の人たちが一緒に生きているからこの地球は成り立っている。

〈子どもは地球の宝物〉

そういうみなさん子どもたちを地球の宝物だと私は思っています。辛い時、私もいろいろな何千何百の友達、様々な人に支えられて今日があるわけですから、皆さん方にもそのことを考えてほしい。ちょっと説教気味だと思うところもあったかもしれないけれど、汲み取ってくださることを切に念じ、また希望し、私の話を終わらせていただきたいと思います。どうありがとうございました。

資料Ⅱ—1　インタビューガイド

「ハンセン病回復者『平沢保治』等に学ぶ教育実践を通した『特別の教科　道徳』の教材開発に関する研究」インタビューガイド

1　インタビュー前の準備

（1）面接日時

研究者は、研究参加の同意書に記載された研究協力者本人、又は代諾者と事前に連絡をとり、研究協力者等の都合の良い日時を事前に確認し決定する。

（2）面接する個室の確保及び人的環境の整備

面接場所は、国立療養所等において、研究協力者等が希望するとともに、プライバシーが保てる個室で実施する。使用する部屋は研究者が担当部署の許可を得ておく。

研究協力者は高齢のため、代諾者の同席を依頼するとともに、研究者も記録等を担う補助者を同行して面接に臨む。個室については、少なくとも4名が入室できる広さの部屋の確保を依頼する。

（3）面接に必要な物品と資料の準備

ア　研究の説明及び同意書

イ　ICレコーダー
ウ　筆記用具
エ　謝金を送付するための関係書類

2　面接内容
(1)　導入
ア　挨拶・自己紹介
本日はご多用のところ、お時間をいただきましてありがとうございます。

私は、東京純心大学現代文化学部こども文化学科講師の神山直子と申します。

本日は研究課題「ハンセン病回復者『平沢保治』等に学ぶ教育実践を通した『特別の教科 道徳』の教材開発に関する研究」に関する面接調査を行わせていただきます。
イ　面接の目的、内容の説明
まず、事前にお渡ししている資料について、何かご不明な点はございませんでしたでしょうか（不明点があれば説明する）。

改めて、本研究について説明させていただきます（平沢氏と研究者の関係性を説明する）。

この面接は60分程度を予定しています。○○さんにお話いただきたいのは、小・中学生を対象に取組を続けてこられた人権の語り部としての活動についてです。

面接の中で、過去に経験した事例を想起することによって心的負担や苦痛が生じる可能性も考えられます。

お話になりたくない場合は、その旨お伝えください。面接途中であっても、面接を中止することもできます。それにより何ら不利益を被ることをありません。面接後にも同意を撤回することもできます。その際は、連絡先にご一報ください。

ウ　研究協力の同意確認

本研究に関する説明は以上です。何かご質問はありますか。研究協力への同意の意思に変わりはありませんか。面接内容は正確を期すため、同席者が記録をとるとともに、ICレコーダーに録音させていただきたいのですがよろしいでしょうか（録音を希望されない場合は：面接中に主要な情報を記録に残すことを伝える）。

（2）展開

ア　主な聴取内容

では、面接に移らせていただきます。（主な内容は、以下の①〜④）

① 語り部活動を始めたきっかけ

② 語り部活動の内容や方法（事例等があれば情報提供を依頼する）

③ 語り部活動を通して得られた成果や課題

④ 小・中学校の教育（道徳教育・人権教育等）に期待すること

イ　その他

研究協力者の語りの内容に関連させながら随時聴取する。

ウ　面接終了の予告等（面接終了予定時刻10分前）
①　補助者と連携し面談内容の確認を行う。
○○についてのお話の内容は、◇◇ということでよいでしょうか。
②　協力者の意向を確認する
間もなく終了時刻であることを告げ、付け足し等があるか確認する。場合によっては、時間の延長について了解を求める。

（３）まとめ
ア　面接の終了と協力に対する感謝
以上で面接を終了します。本日は、御多用の中、御協力をいただきありがとうございました。
イ　今後の対応
①　不明な点、詳細について、研究者が、電話やメールで確認することについて了解を得る。
②　研究協力者等が、研究結果の公表など、今後の対応について、問合せができることを確認する。

３　データ等の分析方法
（１）逐語録を作成する（業者委託）
（２）同様の意味を持つものに分類する
（３）分類したものに名前をつけカテゴリー化する

あとがき

筆者が全生園及び人権教育に関わるようになった契機及び本研究に携わるようになった経緯を述べておきたい。

平沢保治氏（以下「平沢さん」とも表記）との出会いは、２０００（平成12）年の春であった。当時の私は、小学校の教員を経て東京都東村山市の教育委員会での勤務を始めていた。着任の挨拶に多磨全生園入所者自治会の事務所で初めてお会いしたのが平沢さんである。

その後、２００２（平成14）年の1月、極めて残念な事件が発生した。それは、東村山市の中学生・高校生による路上生活者への暴行傷害致死事件の発生である。この痛ましい事件が、東村山市における人権教育の在り方を見直し、新たな展開を遂げる契機となった。

この事件を風化させないために、また人権教育を改めて推進するために、２００３（平成15）年には人権教育総合推進会議が発足し、平沢さん、そして本研究の研究協力者である江藤佳子氏（以下「江藤さん」とも表記）が地域の有識者としてその会議に参加してくださった。私は、事務局の一員として会議の運営等に携わっており、振返れば「第一の運命」として、平沢さん・江藤さんとの出会いを果したのがこの時期と言える。

実は、私は東村山市の公立小·中学校の卒業であるが、教育委員会に勤務するまで平沢さんのことはもちろん、「全生園」·「ハンセン病資料館」があることは知らず、学ぶ機会もなかった。同じ市内にありながら、何も知らない自分が教育関係者であるという現実に驚愕した。だからこそ、反省と贖罪の意味を込めて、私がここで平沢さんに出会ったことを機に、一人でも多くの人に平沢さんに会ってもらい、ハンセン病のことを学んでほしいと考え、自身が置かれた立場でできることを実現しようと決意したのである。

その後、私は東村山市・東京都・多摩市の教育行政に携わり、２０１７（平成29）年に東京都の職を辞し、東京純心大学現代文化学部こども文化学科の講師として勤務するようになった。大学教員になった当時の私に、自ら与えた課題は2点ある。第1点は平沢さんが執筆した数多くの文章を書籍として取りまとめること、第2点は大学教育を通じて、ハンセン病問題を周知し啓発を図ることであった。後者については、大学の授業でハンセン病問題を取り上げ、ハンセン病資料館において授業を行う取組を始めることができたが、前者の課題については、遅々として進めることができず忸怩たる思いであった。そこで、一念発起し、本格的に研究を広げ深めようと星槎大学大学院博士後期課程への進学を志した。そこで「第二の運命」として出会ったのが、同大学院の今津孝次郎先生である。今津先生は、平沢さんの存在が如何に意義深いのかを価値付けてくださり、私の視野を人権教育全体に広げるよう導いてくださった。今津先生との出会いがあったからこそ、今の私があるといっても過言ではない。

ところが、大学院の入学と同時期に、新型コロナウィルス感染症の対応が、深刻化していった。この新しい感染症への対応を通して、ハンセン病は、決して過去の出来事ではなく、むしろ新型コロナウィルス感染症が蔓延する現代の社会においてこそ向き合うべき問題であると考えるようになった。病（感染症）を得た人と周囲の人との関係性、人間関係を取り巻く社会の在り方など、人が人として豊かに生きるために克服すべき様々な課題があり、それら全てを包含するのがハンセン病の問題であると再認識したのである。私は、平沢さんと出会い、人権教育に目覚め、平沢さんを介して今津先生との出会いを果たした。そして、現在に至るまでハンセン病及び人権教育に関わる多くの人々の支援を得て継続した研究の成果をまとめたものが本書である。

本書の刊行に当たり、改めて国立療養所多磨全生園の前入所者自治会会長平沢保治氏、星槎大学大学院教育学研究科博士後期課程教授今津孝次郎先生に心から感謝を申し上げたい。また本研究執筆の過程において、多くの皆様からご指導・ご支援をいただいた。

まず、法務省人権擁護委員の江藤佳子氏には、研究は勿論のこと公私両面にわたり支えていただいた。江藤氏の存在なくして今を語ることはできない。また、東村山市教育委員会からのご縁で支援してくださった片桐素子氏、国立ハンセン病資料館で平沢さんの語りを受け継ぎ、現在各所で講演活動を行っている国立ハンセン病資料館事業部社会啓発課参与・国立感染症研究所ハンセン病研究センター客員研究員の儀同政一氏には、ハンセン病を医学的な側面からも捉えるようにとご指導をいただいた。

国立ハンセン病資料館の皆様にも多方面からご助力をいただいた。特に前館長の成田稔先生（2023年4月9日逝去）には全国にある国立療養所を訪問する際の推薦書の発行等、特段のご配慮をいただいた。また、平沢さんの書籍の発刊に当たっては、ハンセン病資料館事業部長の星野奈央氏、同資料館学芸員の金貴粉氏、笹川記念保健協力財団元理事の山口和子氏に貴重なご示唆をいただいた。加えて、多磨全生園入所者自治会書記室の吉野文登氏、杉山亜希子氏、ハンセン病資料館図書室の皆様には情報提供とともに貴重な示唆をいただいた。数えきれない程多くの皆様のお力添えがあって、今日があることを想い返し、心から感謝申し上げたい。

具体的にお名前を挙げることは叶わないが、まず、全国の国立療養所において活動されている「語り部」の方々、療養所の皆様に大変お世話になった。面識ない者からの突然の依頼であったにもかかわらず、インタビューや施設見学等のお願いを、快く受け止めてくださった。中には、倫理審査のご承認をいただきながら、コロナ禍に見舞われ、結局、面談は実現できないこともあったが、審査の過程において皆様から頂戴したご示唆は、その後の研究活動の糧となっている。皆様からいただいたご厚情に改めて感謝申し上げたい。また、小中学校における人権教育の実践に関しては、実践事例に関わる情報提供をくださった栄美小学校（仮名）の校長先生はじめ学校関係者の皆様に心から御礼申し上げたい。今後も人権教育に関わる情報発信及び提供を続けることにより皆様からのご恩に報いていきたい。

私が博士後期課程に研究の場を得ることができたのも、研究開始当時在籍していた東京純心大学の皆様、星槎大学大学院修士課程の指導教員であった新井郁男先生のお力添えがあったからである。さらに、博士課程でご指導頂いた細田満和子先生、松浦均先生、三輪建二先生、博士論文の審査をしてくださった、石原朗子先生、三田地真実先生、児玉ゆう子先生、他大学では大阪教育大学名誉教授の森実先生など、ご指導をくださった多くの先生方、研究活動を支えたくださった大学院職員の天野恵氏、吉田香桜里氏にも御礼を申し上げたい。

なお、本研究は２０２２年12月に星槎大学大学院に提出した博士論文「人権教育の教材開発における『語り部』と『聴き手』のコミュニケーションの研究―ハンセン回復者の『語り』を中心に」と博士論文執筆前後に公表したいくつかの論文を併せて加筆・修正を施したものである。

また、本研究に対しては、独立行政法人日本学術振会２０１８年度基盤研究(C)課題番号18K02550、研究課題名「ハンセン病回復者「平沢保治」等に学ぶ教育実践を通した「特別の教科道徳」の教材開発」の助成を受けた。

最後になるが、三省堂書店の山口葉子氏には、本書を取りまとめるにあたり、草稿全体に目を通して細部に至るまで的確な助言を頂戴した。こうして一冊の本としてまとまったのは、山口氏のおかげである。心から御礼申し上げたい。

２０２４年３月

神山直子

た

な

は

ま

や

ら・わ

人名索引

ま・や・ら

た

な

は

事項索引

著者紹介

神山 直子（かみやま なおこ）

1961 年　東京都東村山市生まれ
1984 年　東京学芸大学教育学部Ａ類国語科専修卒業
2015 年　星槎大学大学院教育学研究科教育学専攻修士課程修了
2023 年　星槎大学大学院教育学研究科教育学専攻博士後期課程修了
　　　　博士（教育）

東京都公立小学校教諭、東村山市教育委員会教育部指導主事・統括指導主事、東京都教育庁指導部指導企画課統括指導主事、東京都教育庁指導部主任指導主事［人権教育担当］、東京都教育庁総務部教育政策担当課長、多摩市教育委員会教育部参事教育指導課長事務取扱、東京福祉大学非常勤講師、東京純心大学現代文化学部こども文化学科講師、恵泉女学園大学非常勤講師を経て、現在、国立音楽大学非常勤講師、社会福祉法人土の根会理事長、東大和市教育委員会いじめ防止対策委員会委員長、国立療養所多磨全生園将来構想委員会委員、社会福祉法人こばと会評議会評議員

共編著書 『資質・能力を育てる通信簿の文例＆言葉かけ集小学校低学年・中学年・高学年』図書文化 2019.『考え議論する新しい道徳科実践事例集』日本文教出版 2019.『特別の教科道徳 15 講』大学図書出版 2020.『多磨全生園ぶらっと万歩計― 74 年を生きて―』2021 三芳晃（平沢保治）私家版など

ハンセン病回復者「語り部」のポテンシャルに迫る
共に生きられるひとをめざす人権教育

2024年 4 月11日　　初版発行

著　者　　　神山 直子
発行・発売　株式会社三省堂書店／創英社
　　　　　　〒101-0051　東京都千代田区神田神保町1-1
　　　　　　Tel：03-3291-2295　Fax：03-3292-7687
印刷／製本　三省堂印刷株式会社

ISBN 978-4-87923-247-2 C0037